溯源立德
精选小古文百篇

刘立振　编著

汕头大学出版社

图书在版编目(CIP)数据

溯源立德：精选小古文百篇 / 刘立振编著． -- 汕头：汕头大学出版社，2023.12
ISBN 978-7-5658-5220-6

Ⅰ．①溯… Ⅱ．①刘… Ⅲ．①文言文－阅读辅导 Ⅳ．①H109.2

中国国家版本馆 CIP 数据核字 (2024) 第 003559 号

溯源立德：精选小古文百篇
SUYUAN LIDE : JINGXUAN XIAOGUWEN BAIPIAN

编　　著：刘立振
责任编辑：闵国妹
责任技编：黄东生
封面设计：优盛文化
出版发行：汕头大学出版社
广东省汕头市大学路 243 号汕头大学校园内　邮政编码：515063
电　　话：0754-82904613
印　　刷：河北万卷印刷有限公司
开　　本：710 mm×1000 mm　1/16
印　　张：12.25
字　　数：150 千字
版　　次：2023 年 12 月第 1 版
印　　次：2024 年 1 月第 1 次印刷
定　　价：58.00 元

ISBN 978-7-5658-5220-6

版权所有，翻版必究
如发现印装质量问题，请与承印厂联系退换

前言

　　这是一本编给小学生的书，主要供中高年级的小学生进行课外阅读和拓宽视野参考使用。

　　自从小学语文教材中增加了古文短篇的内容之后，"小古文"就成了家长关注的热点，笔者自己的孩子也正处于这个年龄段。面对市面上的小古文编写庞杂的情况，考虑到培养孩子阅读传统经典的能力，再加上笔者本科和研究生期间对传统文化经典的研读和积累，笔者认为是时候该为孩子精编一本古文短篇了，于是便采用父女联手，即父亲主导、女儿补缺的方式编成此书。

　　这本书的编写目的有三：一是拓展课外古文阅读的范围，所选古文短篇均出自传世文化经典，让学生从一个个文言故事短篇来接触经典；二是起到桥梁书的作用，即为学生以后读中学时学习更长篇幅的文言文乃至阅读原著打下基础，培养兴趣；三是注重优秀传统道德、传统价值观的培育，以立德树人为目的，在每篇的关键字词注释和简评中均做了特别的关注。

　　具体做法如下：

　　第一，常见与经典。本书所选的古文短篇大多数是常见的经典故事。小学生阅读的古文多是改编成了白话文的，但本书编选的全是原文，原文出处也注重更早或更完整的版本。例如，《屦贱踊贵》取材于《左传》而不是《晏子春秋》，《朝三暮四》取材于《列子》而不是《庄子》。从所选篇目的出处看，选自《史记》《庄子》的最多，其次是《孟子》《战国策》《韩非子》《论语》《左传》等。所选篇目在注重经典性的同时，兼顾了故事性和趣味性。

　　第二，字源与字理。本书在注释关键字词时，注重其字源与字理，以《说文解字》为主，兼顾其他字书，在必要的地方还指出了其意义的引申轨迹。这样可以避免出现字词注释的错误。例如，《循表夜涉》"军惊而坏都舍"中的"都舍"大多翻译成了"都市的房子"或"都城的房子"，其实"都"在这里当"大"讲，"都舍"就是"大房子"的意思。又如，"竟"字的解释，《一饭千金》"竟漂数十日"中的"竟"是"从头至尾、自始至终"的意思，不是"竟然"的意思。

　　第三，译文与讲疏。本书不做白话译文，主要是为了尽量减少编注者个人的理解对小读者阅读理解的干扰，但对于难解的或重要的句子都做了讲疏；简评也是尽量简洁，点到为止，给小读者留下自由发挥的空间，尽量不影响小读者的领悟。

　　另外，这本书的编写形式是父女联手，书中很多地方的注释和注音来自女儿的提醒和建议，具体做法是在选定好古文短篇之后，先让孩子自己通读一遍，指出不理解或不认识的字词句，然后加以注释和注音，这样或许能更符合小学生的阅读习惯和认知程度。女儿是这本书的第一个读者，也可以说是一个参编者，这就使得这本书成为亲子共读的成果。希望当您和孩子拿起这本书时，这本书也会成为您和孩子亲子共读的参考书。

　　学习古文贵在持之以恒，每天几分钟，外诵于口，内化于心。

目 录

《山海经》节选

夸父逐日 / 001

《老子》节选

上善若水 / 003
五色令人目盲 / 004

《论语》节选

朽木不可雕 / 006
各言尔志 / 007
颜回好学 / 008
子贡问政 / 009
君子改过 / 010
子贡贤于仲尼 / 011

《孙子兵法》节选

知己知彼 / 013

《左传》节选

子鱼论战 / 015

介之推不言禄 / 018

子罕拒玉 / 020

三不朽 / 021

屦贱踊贵 / 022

《孟子》节选

揠苗助长 / 025

一傅众咻 / 026

日攘一鸡 / 027

以邻为壑 / 028

孔子登东山 / 029

中道而立 / 031

民贵君轻 / 032

脍炙人口 / 033

《礼记》节选

嗟来之食 / 035

苛政猛于虎 / 036

《荀子》节选

蒙鸠为巢 / 038

目 录

《庄子》节选

不龟手之药 / 040

庄周梦蝶 / 041

相濡以沫 / 043

东施效颦 / 044

望洋兴叹 / 045

曳尾涂中 / 047

鲁侯养鸟 / 048

纪渻训鸡 / 049

方舟济河 / 051

每下愈况 / 052

运斤成风 / 054

触蛮之战 / 056

封人言政 / 058

涸辙之鲋 / 059

任公垂钓 / 061

畏影恶迹 / 063

《战国策》节选

奇货可居 / 065

画蛇添足 / 066

狐假虎威 / 067

惊弓之鸟 / 068

三人成虎 / 070

南辕北辙　/　071

千金买马　/　073

鹬蚌相争　/　074

《韩非子》节选

智子疑邻　/　076

老马识途　/　077

刻削之道　/　079

滥竽充数　/　080

画鬼最易　/　081

郑人买履　/　082

曾子杀猪　/　083

公仪休拒鱼　/　084

《晏子春秋》节选

晏子使楚　/　086

橘生淮南　/　087

《吕氏春秋》节选

循表夜涉　/　089

刻舟求剑　/　090

掩耳盗铃　/　091

目 录

《列子》节选

朝三暮四 / 093

《淮南子》节选

共工触山 / 095
塞翁失马 / 096

《史记》节选

指鹿为马 / 099
乌江自刎 / 100
约法三章 / 102
汉初三杰 / 105
孔子学琴 / 106
功狗功人 / 108
张良受书 / 109
管鲍之交 / 111
韩非之死 / 113
减灶诱敌 / 114
纸上谈兵 / 116
胯下之辱 / 119
一饭千金 / 120
多多益善 / 121
缇萦救父 / 122
飞将军李广 / 124

一鸣惊人 / 125
司马谈临终遗嘱 / 127

《汉书》节选

苏武牧羊 / 129
主动请缨 / 130

《新序》节选

叶公好龙 / 132

《说苑》节选

师旷论学 / 134
食马得酒 / 135
螳螂捕蝉 / 137
枭将东徙 / 138

《列女传》节选

孟母三迁 / 139

《西京杂记》节选

凿壁借光 / 141

目 录

《后汉书》节选

与侄儿书 / 143

杨震四知 / 145

乐羊子妻 / 146

焦尾琴 / 148

《三国志》节选

曹操诳父 / 150

三余之意 / 151

曹冲称象 / 153

《世说新语》节选

华王优劣 / 154

孔融拜客 / 155

雪夜访戴 / 156

《柳宗元选集》节选

临江之麋 / 158

黔之驴 / 160

永某氏之鼠 / 162

《王安石文集》节选

伤仲永 / 165

《嘉祐集》节选

名二子说 / 168

《苏轼文集》节选

苏轼自评文 / 170
日喻盘烛 / 171

《宋史》节选

程门立雪 / 172

《郁离子》节选

琴之古今 / 174

《聊斋志异》节选

猫鼠大战 / 177

参考文献

《山海经》节选

夸父逐日

夸父①与日逐②走,入③日,渴,欲得饮,饮于河渭④。河渭不足,北饮大泽⑤,未至,道渴而死⑥,弃⑦其杖⑧,化⑨为邓林⑩。(《山海经·海外北经》)

注释:

①**夸父**:古代神名;一说是巨人。夸,大。《说文解字》(以下简称《说文》):"夸,奢也。"即奢侈,引申为夸张、夸大等。《广雅·释诂》:"夸,大也。"

②**逐**:竞逐。《说文》:"逐,追也。"

③**入**:靠近、进入。

④**河渭**:黄河和渭河。

⑤**大泽**:大湖;一说指北海(今贝加尔湖)。

⑥**道渴而死**：半路上因口渴而死。

⑦**弃**：遗弃。《说文》："弃，捐也。"即抛弃，丢掉。

⑧**杖**：手杖、拐杖。《说文》："杖，持也。"

⑨**化**：变、变化。《说文》："化，教行也。"即教化实行。《说文解字注》："教行于上，则化成于下。"甲骨文"化"：。

⑩**邓林**：邓林山，山名；一说指桃林。

简评：向着太阳奔跑，奋勇向前，顽强坚持。

《老子》节选

上善若水

上善若水①。水善利万物而不争②,处众人之所恶③,故几④于道。居善地⑤,心善渊⑥,与善仁⑦,言善信⑧,正善治⑨,事善能⑩,动善时⑪。夫唯不争,故无尤⑫。(《老子·第八章》)

注释:

①上善:最高尚的德行或品格。

②水善利万物而不争:水善于滋润万物,而不和万物相争。

③处众人之所恶(wù):甘居于人所厌恶的低处。处,居。《说文》:"处,止也。"恶,厌恶。《说文》:"恶,过也。"

④几:近、接近、近似。

⑤居善地:居处善于选地方。

⑥心善渊:心胸善于保持渊深、沉静。渊,深隐、深沉,可包容万

物。《广韵》:"渊,深也。"

⑦**与善仁**:待人善于真诚相爱。与,和别人相交相接。仁,古代的一种道德观念,主要是人和人之间的关系。《说文》:"仁,亲也。"

⑧**言善信**:说话善于守信用。信,言语真实,不说谎。参见《子贡问政》的注释。

⑨**正善治**:为政善于完成良好的治绩。正,通"政"。《广韵》:"治,理也。"

⑩**事善能**:做事情善于发挥特长。能,技能、才能。

⑪**动善时**:行动善于把握时机;一说行动善于顺应四时变化。

⑫**尤**:怨咎、错误;一说怪异。《说文》:"尤,异也。""无尤"即没什么异常,没什么乖谬过分的事情。

简评:最高尚的德行像水的特性。

五色令人目盲

五色①令人目盲,五音②令人耳聋,五味③令人口爽④,驰骋畋猎令人心发狂⑤,难得之货⑥令人行妨⑦。是以圣人为腹⑧不为目⑨,故去彼取此。(《老子·第十二章》)

注释：

① **五色**：青、黄、赤、白、黑五色，此处泛指各种色彩。

② **五音**：宫、商、角、徵（zhǐ）、羽五音，此处泛指各种音调。

③ **五味**：酸、苦、甘、辛、咸五味，此处泛指各种美味。

④ **口爽**：败坏了味觉。爽，损坏、败坏。《广雅·释诂》："爽，伤也，败也。"

⑤ **驰（chí）骋（chěng）畋（tián）猎（liè）令人心发狂**：此处指骑马纵横山野打猎时的心浮意狂状态。畋，打猎。畋猎，不仅指打猎，还包括所有的户外活动、娱乐消遣等。狂，狂荡、狂野。《说文》："狂，狾（zhì）犬也。"

⑥ **难得之货**：不易得到的物品，泛指各种奇珍异宝。货，金银珠玉等物。《说文》："货，财也。"

⑦ **行妨**：品德、品行受到伤害。妨，损害、伤害。《说文》："妨，害也。"

⑧ **腹**：比喻内在的品质，即下文的"此"。

⑨ **目**：比喻外在的事物，即下文的"彼"。

简评：抵御外界的诱惑，保持内心的安足。

《论语》节选

朽木不可雕

宰予①昼②寝③。子曰:"朽木不可雕④也,粪土之墙⑤不可杇⑥也!于予与何诛⑦?"子曰:"始⑧吾于人也,听其言而信其行;今吾于人也,听其言而观其行。于予与改是⑨。"(《论语·公冶长》)

注释:

①宰予:孔子弟子,名予,字子我。
②昼:白天。《说文》:"昼,日之出入,与夜为界。"
③寝(qǐn):睡觉。《说文》:"寝,卧也。"
④雕:雕刻。《说文》:"雕,琢文也。"即雕琢成花纹,引申为雕刻。
⑤粪土之墙:用杂乱不成块的土砌成的墙,与"朽木"对文。
⑥杇(wū):同"圬",瓦匠用的抹子。此处作动词,涂饰、粉刷。《说文》:"杇,所以涂也。"

⑦ **于予与何诛**：对于宰予我还责备什么呢？与，句中语气词。诛，责备。《说文》："诛，讨也。"即谴责、责备。

⑧ **始**：起初、以前。《说文》："始，女之初也。"即女子第一次生孩子，引申为开始、本原、当初等。

⑨ **是**：这方面，指上文的"听其言而信其行"。

简评：言行一致，勤奋修学，积极进取。

各言尔志

颜渊、季路①侍②。子曰："盍③各言尔志④？"子路曰："愿车马衣轻裘⑤与朋友共⑥敝⑦之而无憾⑧。"颜渊曰："愿无伐善⑨，无施劳⑩。"子路曰："愿闻子之志。"子曰："老者安⑪之，朋友信⑫之，少者怀⑬之。"（《论语·公冶长》）

注释：

① **颜渊、季路**：孔子的弟子颜回和子路。

② **侍**：立侍，即站在尊长身边陪着。《说文》："侍，承也。"即侍奉、奉迎。

③ **盍**（hé）："何不"的合音字。

④ **志**：志向。《说文》："志，意也。"

⑤ **轻裘**（qiú）：轻暖的皮衣。《说文》："裘，皮衣也。"

⑥ **共**：共同使用。

⑦ **敝**（bì）：破旧、坏。此处作动词。《说文》："敝，败衣。"

⑧ **憾**：感到遗憾，心感不足。《广雅》："憾，恨也。"

⑨ **无伐善**：不夸耀自己的长处。伐，夸耀、宣扬，与下文的"施"同义。

⑩ **无施劳**：不表彰自己的功劳。劳，功劳。《说文》："劳，剧也。"

⑪ **安**：安乐、安适。《说文》："安，静也。"使动用法，下文"信""怀"同。

⑫ **信**：相信、信任。参见《子贡问政》的注释。

⑬ **怀**：关怀、安抚。《说文》："怀，念思也。"

> 简评：孔子之志，以人为本，安老怀少。

颜回好学

哀公①问："弟子孰②为好③学④？"孔子对曰："有颜回者好学，不迁怒⑤，不贰过⑥。不幸短命死矣，今也则亡⑦，未闻好学者也。"（《论语·雍也》）

《论语》节选

注释:

①哀公:鲁哀公,春秋时期鲁国君主,公元前494—公元前468年在位。

②孰(shú):疑问代词,谁,常用于选择性提问。

③好(hào):嗜好、喜爱。

④学:学习。《说文》:"学,觉悟也。"

⑤不迁怒:不会把愤怒发泄在别人身上。迁,转移。《尔雅》:"迁,徙也。"

⑥不贰过:不再犯同样的过错。贰(èr),重复,现象、行为重出。《说文》:"贰,副、益也。"

⑦亡:通"无",没有。

简评: 不迁怒,不贰过,好学如此,千古难寻。

子贡问政

子贡①问政②。子曰:"足食③,足兵④,民信之⑤矣。"子贡曰:"必不得已而去,于斯三者何先?"曰:"去兵。"子贡曰:"必不得已而去,于斯二者何先?"曰:"去食。自古皆有死,民无信不立⑥。"(《论语·颜渊》)

注释：

① **子贡**：孔子弟子端木赐，字子贡。
② **问政**：问执政之道。政，政治、政事。《说文》："政，正也。"
③ **足食**：仓廪实。食，粮食。《说文》："食，一米也。"
④ **足兵**：武备修。兵，军备、兵器。《说文》："兵，械也。"
⑤ **民信之**：人民信任他。信，诚实、诚信，此处引申为信任。《说文》："信，诚也。"
⑥ **民无信不立**：如果没有人民的信任，国家便维持不住。

简评：诚信无价，立国之本。

君子改过

子贡曰："君子之过①也，如日月之食②焉。过也，人皆见之；更③也，人皆仰④之。"（《论语·子张》）

注释：

①**过**：过失、过错、犯了错误。《说文》："过，度也。"段玉裁《说文

解字注》:"引申为有过之过。"

②食:日食、月食,又作"蚀"。

③更:改正(错误)。《说文》:"更,改也。"

④仰(yǎng):敬仰、仰望。《说文》:"仰,举也。"

简评:有过能改,善莫大焉。

子贡贤于仲尼

叔孙武叔①语②大夫于朝③曰:"子贡④贤⑤于仲尼⑥。"子服景伯⑦以告子贡。子贡曰:"譬⑧之宫墙⑨,赐之墙也及肩,窥见室家之好。夫子⑩之墙数仞⑪,不得其门⑫而入,不见宗庙之美⑬,百官之富⑭。得其门者或寡⑮矣。夫子⑯之云,不亦宜⑰乎!"(《论语·子张》)

注释:

①叔孙武叔:春秋时期鲁国大夫。

②语(yù):告诉,对……说。

③朝:在朝堂上。

④子贡:孔子弟子端木赐,名赐,字子贡。下文有子贡自称"赐"。

⑤ **贤**：胜过、超过。《说文》："贤，多才也。"

⑥ **仲尼**：孔子字仲尼。

⑦ **子服景伯**：春秋时期的鲁国大夫。

⑧ **譬**：比喻、打比方。用别的事物打比方叫譬。《说文》："譬，谕也。"

⑨ **宫墙**：住宅的围墙。先秦时，一般人的房屋也叫作宫，后来宫才专指帝王住所。

⑩ **夫子**：此处指孔子。

⑪ **仞**：古代的长度单位，一般是八尺为一仞。《说文》："仞，伸臂一寻，八尺。"即伸开两臂的长度叫一寻，长八尺。

⑫ **门**：事物的关键、门径。《说文》："门，闻也。"

⑬ **宗庙之美**：庙堂的雄伟。美，味道好，引申为好的、善的，此处指宏伟、壮美。《说文》："美，甘也。"

⑭ **百官之富**：众多房舍的富丽。官，通"馆"。富，多种多样。《说文》："富，备也；一说厚也。"

⑮ **寡**：少，与"多"相对。《说文》："寡，少也。"

⑯ **夫子**：此处为尊称，指叔孙武叔。

⑰ **宜**：和叔孙武叔的见识水平相称、相合适。《说文》："宜，所安也。"

简评：孔子之道深远，不是小智慧能够理解的，所以要学习、见世面。

《孙子兵法》节选

知己知彼

故知①胜有五：知可以战与不可以战者胜，识②众寡③之用者胜，上下同欲④者胜，以虞⑤待不虞者胜，将能而君不御者胜。此五者，知胜之道也。故曰：知彼知己，百战不殆⑥；不知彼而知己，一胜一负；不知彼不知己，每战必殆。（《孙子兵法·谋攻》）

注释：

① 知：知道、了解。《说文》："知，识也。"

② 识：知道，能辨别。《说文》："识，知也。"

③ 众寡：多少。

④ 上下同欲：上下一心。

⑤ 虞（yú）：计划好，事先有准备。《康熙字典》："虞，度也，备也。"

⑥ 殆（dài）：危险。《说文》："殆，危也。"

简评：充分了解对方，也非常了解自己，是制胜的关键，学习和工作也都是如此。

《左传》节选

子鱼论战

宋公①及楚人战于泓②。宋人既③成列④,楚人未既济⑤。司马曰:"彼众我寡,及其未既济也,请击之。"公曰:"不可。"既济而未成列,又以告。公曰:"未可。"既陈⑥而后击之,宋师败绩。公伤股,门官⑦歼⑧焉。国人皆咎⑨公。公曰:"君子不重伤⑩,不禽⑪二毛⑫。古之为军也,不以阻隘⑬也。寡人⑭虽亡国之余⑮,不鼓不成列⑯。"子鱼曰:"君未知战。勍⑰敌之人,隘而不列,天赞⑱我也。阻而鼓之,不亦可乎?犹有惧焉!且今之勍者,皆我敌也。虽及胡耇⑲,获则取之,何有于二毛⑳?明耻㉑、教战㉒,求杀敌也。伤未及死,如何勿重?若爱重伤㉓,则如㉔勿伤;爱其二毛,则如服㉕焉。三军㉖以利用㉗也,金鼓㉘以声气㉙也。利而用之,阻隘可也;声盛致志㉚,鼓儳可也㉛。"(《左传·僖公二十二年》)

注释：

①**宋公**：宋襄公，春秋时期宋国国君。公元前638年，宋伐楚，楚救郑，这年冬天宋楚两军交战于泓。

②**泓**：泓水，在今河南省柘城县西。

③**既**：已、已经，尽、完全。《实用甲骨文字典》："本义为食毕，引申为结束、终了、停止，虚化为副词，有已经、全、都义。"甲骨文"既"：

④**列**：行列、队列。《说文》："列，分解也。"

⑤**济**：渡河、过河。《康熙字典》："济，渡也。"

⑥**陈**：通"阵"，这里作动词，即摆好阵势。

⑦**门官**：国君的卫士，即卿大夫之子弟保卫宋襄公者。

⑧**歼**（jiān）：杀尽、消灭。《尔雅》："歼，尽也。"

⑨**咎**（jiù）：抱怨、责备。《说文》："咎，灾也。"

⑩**不重伤**：已伤之后不再伤之。重，音chóng，本文下同。

⑪**禽**：通"擒"，俘虏。

⑫**二毛**：头发斑白的人，指代老人。

⑬**阻隘**（ài）：险要之地。阻，险峻。《说文》："阻，险也。"隘，狭隘。《说文》："隘，陋也。"

⑭**寡人**：古代国君的自称。

⑮**亡国之余**：亡国者的后代。宋襄公是商朝的后代，商亡于周。

⑯**不鼓不成列**：不进攻没有排好队列的军队。鼓，用作动词，进攻。

⑰**勍**（qíng）：强大、有力的意思。《说文》："勍，强也。"

⑱**赞**：佐助、辅助。《小尔雅·广诂》："赞，佐也。"

⑲ **胡耇**（gǒu）：年老的人。《广雅·释诂》："胡，大也。"《康熙字典》："耇，老也。"

⑳ **何有于二毛**：还管什么头发花白的敌人呢？

㉑ **明耻**：使认识什么是耻辱。

㉒ **教战**：教授作战的技能。

㉓ **爱重伤**：怜悯受伤的敌人。爱，怜惜。《说文》："爱，惠也。"

㉔ **如**：应当。

㉕ **服**：（对敌人）屈服。

㉖ **三军**：春秋时诸侯大国有三军，即上军、中军、下军。泛指军队。

㉗ **以利用**：利用有利的条件，即下文的"利而用之"。用，施用，这里指作战。

㉘ **金鼓**：古时作战，击鼓进兵，鸣金收兵。金，金属响器。

㉙ **声气**：振作士气。

㉚ **声盛致志**：鼓声大作是声盛；因鼓声大作而士气高昂，这是致志。

㉛ **鼓儳可也**：攻击没有摆开阵势的敌人是可以的。儳（chán），不整齐，此指不成阵势的军队。《说文》："儳，互不齐也。"

> 简评：宋襄公固守"不鼓不成列"的古训，是泥古不化的表现，因而毛泽东称他是"蠢猪式的仁义道德"。

介之推不言禄

晋侯①赏②从亡者③，介之推④不言禄，禄亦弗及。

推曰："献公⑤之子九人，唯君在矣。惠、怀⑥无亲，外内弃之。天未绝晋，必将有主。主晋祀者⑦，非君而谁？天实置之⑧，而二三子⑨以为己力，不亦诬⑩乎？窃人之财，犹谓之盗⑪。况贪⑫天之功，以为己力乎？下义其罪⑬，上赏其奸⑭。上下相蒙⑮，难与处矣。"

其母曰："盍⑯亦求之？以死，谁怼⑰？"

对曰："尤⑱而效之，罪又甚焉！且出怨言，不食其食⑲。"

其母曰："亦使知之，若何？"

对曰："言，身之文⑳也。身将隐，焉用文之？是求显也。"

其母曰："能如是乎？与女㉑偕隐㉒。"遂隐而死。

晋侯求之，不获，以绵上㉓为之田㉔。曰："以志㉕吾过，且旌㉖善人。"（《左传·僖公二十四年》）

注释：

①**晋侯**：晋文公，即重耳。他逃亡在外十九年，后在秦国的帮助下回晋继承君位。

②**赏**：奖赏、赏赐。《说文》："赏，赐有功也。"

③从亡者：跟随晋文公出亡在外之臣，如狐偃、赵衰之属。

④介之推：春秋时期晋国人，因"割股奉君"，隐居"不言禄"之壮举，深得世人怀念。死后葬于山西介休的绵山，后人尊为介子。"之"字是语助词，古代人名多用"之"为语助词。

⑤献公：重耳之父晋献公。

⑥惠、怀：惠公、怀公。惠公是文公重耳的弟弟，是怀公的父亲。

⑦主晋祀者：主持晋国祭祀的人，此处指当晋国国君的人。祀，祭祀。《说文》："祀，祭无已也。"

⑧天实置之：上天实际已经安排好了。

⑨二三子：相当于"那几个人"，指跟随文公逃亡诸臣。子，对人的美称。

⑩诬：欺骗。《说文》："诬，加也。"

⑪盗：盗窃、偷盗。《说文》："盗，私利物也。"

⑫贪：不知满足地追求，泛指贪得无厌。《说文》："贪，欲物也。"

⑬下义其罪：言贪天之功，在人为犯法，而下反以为善。义，善，意动用法。

⑭上赏其奸：言贪天之功，在国为伪，而上反以此赏赐。奸，伪。

⑮蒙：欺骗、蒙骗。《方言》："蒙，覆也。"

⑯盍（hé）："何不"的合音字。

⑰怼（duì）：怨恨。《说文》："怼，怨也。"

⑱尤：罪过、过失。

⑲不食其食：不食其禄。第二个"食"是禄的意思，即以禄为食。

⑳文：纹饰、装饰。《说文》："文，错画也。"

㉑ **女**：通"汝"，你。

㉒ **隐**：隐藏。《说文》："隐，蔽也。"

㉓ **绵上**：地名，在今山西介休市南、沁源县西北的介山之下。

㉔ **田**：祭田。

㉕ **志**：记、记载。

㉖ **旌**（jīng）：表彰、表扬。《说文》："旌，游车载旌，析羽注旄首，所以精进士卒。"

> 简评：不夸功，不求赏，功成身退，正直清高。

子罕拒玉

宋人或①得玉，献②诸子罕③，子罕弗受。献玉者曰："以示玉人④，玉人以为宝⑤也，故敢献之。"子罕曰："我以不贪为宝，尔⑥以玉为宝，若以与我，皆丧宝也，不若人⑦有⑧其宝。"（《左传·襄公十五年》）

注释：

① **或**：有人。

② **献**：以牲畜祭祀叫作献，引申为进献、贡献。此处为进献的意思。

《左传》节选

诸："之于"的合音。

③ **子罕**：春秋时期宋国大夫。

④ **玉人**：雕琢玉器的匠人。

⑤ **宝**：珍宝。《说文》："宝，珍也。"

⑥ **尔**：你。

⑦ **人**：各人。

⑧ **有**：保有、拥有。

✒ 简评：子罕把严以律己、不贪污受贿视作珍宝，表现了高尚的品德。

三不朽

二十四年①春，穆叔②如③晋。范宣子④逆⑤之，问焉，曰："古人有言曰：'死而不朽⑥'，何谓也？"……穆叔曰："……鲁有先⑦大夫曰臧文仲，既没⑧，其言立，其是之谓乎！豹闻之，'大⑨上有立⑩德，其次有立功，其次有立言'，虽久不废⑪，此之谓不朽。"
（《左传·襄公二十四年》）

注释：

① **二十四年**：鲁襄公二十四年，即公元前549年。

②穆叔：叔孙豹，春秋时鲁国大夫。

③如：往、到……去。

④范宣子：春秋时期晋国大夫。

⑤逆：迎接、迎候。《说文》："逆，迎也。"

⑥朽（xiǔ）：朽灭、灭亡。《说文》："朽，腐也。"

⑦先：已经死去的，多指上代或上辈。

⑧没（mò）：死、去世。

⑨大：通"太"，最高的。

⑩立：树立、不废绝。《说文》："立，住也。"

⑪废：废弃、停止。《说文》："废，固病也。"

简评：对身后不朽之名的追求，是古圣先贤超越个体生命而追求永生不朽、超越物质欲求而追求精神满足的方式。

屦贱踊贵

初①，景公②欲更③晏子④之宅，曰："子之宅近市⑤，湫隘嚣尘⑥，不可以居，请更诸⑦爽垲⑧者。"辞曰："君之先臣⑨容⑩焉，臣不足以嗣⑪之，于臣侈⑫矣。且小人近市，朝夕得所求，小人之利也，敢烦里旅⑬？"公笑曰："子近市，识贵贱⑭乎？"对曰："既窃利之，敢不识乎？"公曰："何贵？何贱？"于是景公繁于刑，有鬻⑮

踊⑯者，故对曰："踊贵，屦⑰贱。"既已告于君，故与叔向⑱语而称之。景公为是省于刑。君子曰："仁人之言，其利博哉！晏子一言，而齐侯省刑。"（《左传·昭公三年》）

注释：

①初：当初、当年，用作追叙往事之词，用于句首。《说文》："初，始也。从刀从衣。裁衣之始也。"

②景公：齐景公，姜姓，吕氏，名杵臼，春秋时期齐国君主。

③更：改、改变。

④晏子：晏婴，春秋时期齐国著名政治家、思想家、外交家。

⑤市：交易场所。《说文》："市，买卖所之也。"

⑥湫（jiǎo）隘（ài）嚣（xiāo）尘：低湿，狭窄，吵闹，尘土飞扬。

⑦诸："之于"的合音。

⑧爽垲（kǎi）：敞亮干燥。《说文》："垲，高燥也。"

⑨君之先臣：君主您以前的臣子，此处应指晏子的祖、父辈。

⑩容：居住、容身。《说文》："容，盛（chéng）也。"

⑪嗣（sì）：继承。《说文》："嗣，诸侯嗣国也。"

⑫侈：奢侈、浪费。《说文》："侈，奢也。"

⑬里旅：又作"司里、里人"，其职掌卿大夫之家宅。

⑭贱：物价低。《说文》："贱，贾（价）少也。"

⑮鬻（yù）：卖。

⑯踊（yǒng）：古代受过刖刑的人所穿的鞋子；一说是"义足"，即

假脚。

⑰屦（jù）：一般指用麻、葛编织的鞋子，这里泛指鞋子。

⑱叔向：春秋时期晋国大夫、政治家，与郑国的子产、齐国的晏婴齐名。

简评：领导者不要只顾享乐，要关心老百姓的安康。

《孟子》节选

揠苗助长

宋人有闵①其苗②之不长③而揠④之者,芒芒然⑤归,谓其人⑥曰:"今日病⑦矣!予助苗长矣!"其子⑧趋⑨而往视之,苗则槁⑩矣。天下之不助苗长者寡矣。以为无益而舍之者,不耘苗者也;助之长者,揠苗者也⑪。非徒无益,而又害⑫之。(《孟子·公孙丑上》)

注释:

①闵(mǐn):忧虑、担忧,后写作"悯"。

②苗:禾苗。

③长:生长、长大。

④揠(yà):拔起。《说文》:"揠,拔也。"

⑤芒芒然:疲劳的样子。

⑥其人:家里人。

⑦病：疲劳、困乏。《说文》："病，疾加也。"即病重。《说文解字注》："疾甚曰病。"

⑧其子：揠苗者之子。

⑨趋：跑、快步走。《说文》："趋，疾也。"

⑩槁（gǎo）：草木干枯。《说文》："槁，木枯也。"

⑪以为无益而舍之者，不耘苗者也；助之长者，揠苗者也：认为做什么都没有用而放弃的，就是那些不给田地除草的人；用外力帮助它生长的，就是那拔高禾苗的人。耘（yún），除草。《说文》："耘，除苗间秽也。"

⑫害：伤害、妨碍。《说文》："害，伤也。"

简评：违反事物的发展规律，急于求成，"欲速则不达"，最后事与愿违。

一傅众咻

孟子谓戴不胜①曰："……有楚大夫于此，欲其子之齐语也②，则使齐人傅③诸④？使楚人傅诸？"曰："使齐人傅之。"曰："一齐人傅之，众楚人咻⑤之，虽日挞⑥而求其齐也，不可得矣。引⑦而置之庄、岳⑧之间数年，虽日挞而求其楚，亦不可得矣。"（《孟子·滕文公下》）

《孟子》节选

注释：

① **戴不胜**：战国时期宋国大夫。

② **欲其子之齐语也**：想让孩子学说齐国话。之，为，即学说齐国话。

③ **傅**：教导。《说文》："傅，相也。"

④ **诸**：之，代指楚大夫之子。

⑤ **咻（xiū）**：吵、喧扰。

⑥ **挞（tà）**：鞭笞、鞭挞，用鞭子抽打。《集韵》："挞，打也。"

⑦ **引**：领着、带领。参见《中道而立》的注释。

⑧ **庄、岳**：齐国国都临淄的两条街里名称，是临淄的繁华闹市区，这里泛指齐国的街巷。

简评：周围的环境，特别是多数人对一个人的影响是非常大的，学习语言也是这样，在品德修养上也是这样，所以要坚持一定的原则和态度。

日攘一鸡

孟子曰："今有人日①攘①其邻之鸡者，或③告之曰：'是非君子之道④。'曰：'请损⑤之，月攘一鸡，以待⑥来年⑦然后已⑧。'如知其非义⑨，斯速⑩已矣，何待来年？"（《孟子·滕文公下》）

注释：

① 日：每天、天天。

② 攘（rǎng）：偷窃、盗窃。

③ 或：有人。

④ 是非君子之道：这不是君子的行为。是，这。

⑤ 损：减少、减损。《说文》："损，减也。"

⑥ 待：等、等到。《说文》："待，竢也。"

⑦ 来年：明年。

⑧ 已：停止、改正。

⑨ 非义：不合道义、不合正道。义，社会认为合宜的道理和行为。《说文》："义，己之威仪也。"

⑩ 速：快、迅速。《说文》："速，疾也。"

简评： 知道错误应及时改正，不能拖延。

以邻为壑

白圭①曰："丹之治水也愈于禹②。"孟子曰："子过矣③。禹之治水，水之道④也，是故禹以四海为壑⑤。今吾子以邻国为壑⑥。"（《孟子·告子下》）

注释:

①白圭:名丹,字圭。战国时期魏国大臣。善于修筑堤坝,兴修水利。《汉书》说他是经营贸易发展生产的理论鼻祖,因此有"商祖"之誉。

②丹之治水也愈于禹:我白圭治理水患比大禹还强。愈,胜过。

③子过矣:您错了。

④水之道:水的本性,水流的规律。

⑤以四海为壑:把大海作为泄水的地方。壑,坑,沟。《说文》:"壑(hè),沟也。"

⑥今吾子以邻国为壑:如今您治水是使水流到邻近的国家去。

简评: 不能只图自己一方的利益,把困难或祸害转嫁给别人。

孔子登东山①

孟子曰:"孔子登东山而小②鲁,登泰山而小天下。故观于海者难为水③,游于圣人之门者难为言④。观水有术⑤,必观其澜⑥。日月有明,容光必照焉⑦。流水之为物也,不盈科不行;君子之志于道也,不成章不达⑧。"(《孟子·尽心上》)

注释：

①**东山**：今山东省临沂市蒙阴县的蒙山。

②**小**：意动用法，以……为小。

③**观于海者难为水**：看过大海的人难以注意一般的水流。

④**游于圣人之门者难为言**：在圣人门下游学过的人难以注意一般的言论。

⑤**术**：方法、策略。《说文》："术，邑中道也。"

⑥**澜**（lán）：大波浪，最为壮阔的波澜。《说文》："大波为澜。"

⑦**日月有明，容光必照焉**：太阳和月亮都有光辉，光线能透过的就一定能照得到。容光，能容纳一丝光线的小缝隙。

⑧**流水之为物也，不盈科不行；君子之志于道也，不成章不达**：流水这个东西不把洼地填满不再往前流；君子有志于道，没有一定的成就也就不能通达。盈（yíng），盛满、充满。《说文》："盈，满器也。"科，通"窠（kē）"，坑坎，地面低洼的地方。《说文》："窠，空也，穴中曰窠，树上曰巢。"章，音乐一曲终了叫作一章。《说文》："乐竟为一章。""成章"引申为事物达到一定阶段，具有一定规模。达，通达。《说文》："达，行不相遇也。"

简评：人的眼界与视角要不断寻求突破，超越自我，不达目的不罢休。

中道而立

公孙丑①曰:"道②则高③矣美④矣,宜⑤若登天然,似不可及也。何不使彼为可几及而日孳孳⑥也?"孟子曰:"大匠不为拙工改废绳墨⑦,羿⑧不为拙射变其彀率⑨。君子⑩引而不发⑪,跃如也⑫。中道而立,能者从之⑬。"(《孟子·尽心上》)

注释:

① 公孙丑:孟子弟子。

② 道:圣人之道。

③ 高:高远。

④ 美:完美。

⑤ 宜:应该、可能。

⑥ 孳孳(zī):同"孜孜",勤勉不懈怠。

⑦ 大匠不为拙工改废绳墨:高明的工匠不会为了拙劣的工匠而改变绳墨校定的标准。绳墨:木工用作审定曲直标准的工具,此处指木工技术的一定的标准、法度。拙(zhuō),笨拙、不灵巧。《说文》:"拙,不巧也。"

⑧ 羿(yì):古代著名的神射手。

⑨ 彀(gòu)率(lǜ):弓张开的程度,指射箭的技巧和瞄准箭靶子

相结合的一定的技术标准。彀，张满弓弩，引申为弓弩射程所及的范围。率，标准、法度。

⑩ **君子：** 教人学道的人。

⑪ **引而不发：** 拉开弓却不把箭射出去，比喻善于启发引导。引，拉弓。《说文》："引，开弓也。"发，射箭。

⑫ **跃如也：** 做出跃跃欲试的样子。

⑬ **中道而立，能者从之：** 立于道之中以引导学习者，凡是具有学习能力的人，都能够努力跟得上。中，适应、符合、按照。

> **简评：** 道是不脱离人们日常生活的，如果人为地降低标准，就脱离客观实际了，就不是道了。"中道而立"告诉人们道就在那里，谁都可以师从。"能者从之"，只要自己立志，必定能学有所成，进而"从之者能"。

民贵君轻

孟子曰："民为贵，社稷①次之，君为轻。是故得乎丘民②而为天子，得乎天子为诸侯，得乎诸侯为大夫。"（《孟子·尽心下》）

注释:

① 社稷（jì）：代指国家、江山。原指古代帝王、诸侯所祭祀的土神和谷神。社，土地神。《说文》："社，地主也。"稷（jì），谷神，五谷之神。《说文》："稷，五谷之长。"

② 丘民：民众、老百姓。丘（qiū），古代划分土地的单位，《周礼·地官·小司徒》："九夫为井，四井为邑，四邑为丘。"

简评：从天下国家的立场来看，民是基础，是根本，民比君更加重要。

脍炙人口

曾晳①嗜②羊枣③，而曾子不忍食羊枣。公孙丑问曰："脍炙④与羊枣孰美？"孟子曰："脍炙哉！"公孙丑曰："然则曾子何为食脍炙而不食羊枣？"曰："脍炙所同⑤也，羊枣所独也。讳名不讳姓，姓所同也，名所独也⑥。"（《孟子·尽心下》）

注释:

① 曾晳：曾点，孔子弟子，曾参之父。

②**嗜**：特别爱好。《说文》："嗜，嗜欲，喜之也。"

③**羊枣**：非枣，乃柿之小者，俗称牛奶柿。

④**脍**（kuài）**炙**（zhì）：切得很细用来烧烤的肉食。脍，今天的肉臊子。《说文》："脍，细切肉也。"炙，烤肉。《说文》："炙，炮肉也。"

⑤**同**：同样、一样。《说文》："同，合会也。"

⑥**讳名不讳姓，姓所同也，名所独也**：就像对待父母的名字应该避讳，但是姓不避讳，因为姓是大家相同的，而名是他独自一个人的。讳（huì），不说、避忌，有顾忌而躲开某些事或不说某些话。《说文》："讳，誋（jì）也。"讳名，古代对父母君上的名字，讲不得，写不得，叫作避讳。

> **简评**：生活和学习中要处理好"所同"与"所独"的关系，也就是共性和个性的关系。

《礼记》节选

嗟来之食

齐大饥①,黔敖②为食③于路,以待饿者而食④之。有饿者,蒙袂辑屦⑤,贸贸然⑥来。黔敖左奉⑦食,右执饮,曰:"嗟,来食!"扬⑧其目而视之,曰:"予唯不食嗟来之食⑨,以至于斯也!"从而谢焉,终不食而死⑩。(《礼记·檀弓下》)

注释:

① **大饥**:大饥荒。
② **黔(qián)敖(áo)**:齐国一富人。
③ **为食**:做饭、准备食物。
④ **食(sì)**:拿东西给人吃。
⑤ **蒙袂辑屦**:形容潦倒困顿的样子。蒙袂(mèi),用衣袖遮着脸,不想给人看见。袂,衣袖。《说文》:"袂,袖也。"辑(jí)屦(jù),趿(tā)

拉着鞋，因力气疲惫而不能很好地穿鞋走路。辑，敛、收起、敛藏。

⑥ **贸贸然**：两眼昏花、无精打采的样子。

⑦ **奉**（fèng）：拿着、捧着。《说文》："奉，承也。"

⑧ **扬**：抬起、掀起。《说文》："扬，飞举也。"

⑨ **嗟来之食**：后泛指带有侮辱性的施舍。嗟（jiē），叹词，喂。

⑩ **从而谢焉，终不食而死**：黔敖随在他身后，连声道歉，他还是不吃，最后饿死了。谢，道歉。

简评：尊重是助人的前提，骨气与自尊是可贵的品质。

苛政猛于虎

孔子过泰山侧，有妇人哭于墓者而哀①。夫子式②而听③之，使子路问之，曰："子之哭也，壹似重有忧者④。"而⑤曰："然！昔者吾舅⑥死于虎，吾夫又死焉，今吾子又死焉！"夫子曰："何为不去⑦也？"曰："无苛政⑧。"夫子曰："小子识⑨之，苛政猛于虎也。"
（《礼记·檀弓下》）

注释：

① **哭于墓者而哀**：在墓地哭得很伤心。哀，悲伤。

②**式**：通"轼"，古代马车上前方用于扶手的横木，此处作动词，双手扶着轼表示敬意。《说文》："轼，车前也。"

③**听**：倾听、听到。

④**子之哭也，壹似重有忧者**：听您的哭声，感觉您一定有特别深重的悲痛。壹（yī），的确、一定。此处为副词，表示强调。《说文》："壹，专一也。"重（zhòng），深重，表示程度深。《说文》："重，厚也。"

⑤**而**：乃，指妇人哭完后才回答子路的问话。

⑥**舅**：丈夫的父亲。

⑦**去**：离开。《说文》："去，人相违也。"

⑧**苛政**（zhēng）：征收琐屑烦扰的赋税、徭役等。苛，苛刻，处处不放过。《说文》："苛，小草也。"政，通"征"，赋税。

⑨**识**（zhì）：记住。

简评：推行德治，反对苛政，以礼治天下，是孔子的一贯主张。

《荀子》节选

蒙鸠为巢

南方有鸟焉，名曰蒙鸠①，以羽为巢而编之以发②，系③之苇苕④，风至苕折，卵破子死。巢非不完也，所系者然也⑤。西方有木焉，名曰射干⑥，茎长四寸，生于高山之上，而临百仞之渊；木茎非能长也，所立者然也⑦。(《荀子·劝学》)

注释：

①蒙鸠（jiū）：一种小鸟，即鹪（jiāo）鹩（liáo），体长约10厘米，羽毛赤褐色，略有黑褐色斑点，尾羽短，略向上翘。多在灌木丛中活动，吃昆虫等。

②以羽为巢而编之以发：用羽毛做巢，用毛发编织起来。编，编织，使成为一体。《说文》："编，次简也。"

③系：悬挂。《说文》："系，繋（jì）也。"

④苇（wěi）苕（tiáo）：芦苇，一说"苕"是芦苇的嫩条。

⑤巢非不完也，所系者然也：并不是鸟窝造得不完备，而是由于它凭借的地方不合适造成了这样的结果。完，完好、完整、完全。《说文》："完，全也。"

⑥射干：一种草药名。

⑦木茎非能长也，所立者然也：并不是射干的茎能长到这么高，而是它生长的地方使它这样。

简评：万丈高楼平地起，基础要扎实，不然学再多也是徒劳的！

《庄子》节选

不龟手之药

宋人有善为不龟手之药者①，世世②以洴澼③絖④为事⑤。客闻之，请买其方⑥百金。聚族而谋⑦曰："我世世为洴澼絖，不过数金；今一朝而鬻⑧技百金，请与之。"客得之，以说⑨吴王。越有难⑩，吴王使⑪之将⑫。冬与越人水战，大败越人，裂地⑬而封⑭之。能不龟手，一也，或以封，或不免于洴澼絖，则所用之异也⑮。（《庄子·逍遥游》）

注释：

①**善为不龟手之药者**：善于制造不使手皲裂的药物的人。龟，同"皲"（jūn），指皮肤受冻开裂。

②**世世**：累世、代代。

③**洴**（píng）**澼**（pì）：在水上漂洗。

④ 纩（kuàng）：丝絮。

⑤ 事：职业。

⑥ 方：技术、技艺，此处指药方。

⑦ 谋：讨论。《说文》："虑难曰谋。"

⑧ 鬻（yù）：卖。

⑨ 说（shuì）：游说、劝说，以言辞说服别人。

⑩ 难（nàn）：发难、入侵，指越国发兵进犯吴国。

⑪ 使：派遣。

⑫ 将：率领（军队）。

⑬ 裂地：划一块地。

⑭ 封：分封。《说文》："封，爵诸侯之土也。"

⑮ 能不龟手，一也，或以封，或不免于洴澼𬖫，则所用之异也：能不使手裂开的药是一样的，有的人靠它得到封地，而有的人免不了漂洗棉絮的辛劳，就是因为用途不同。或，有的，有的人。异，差异。

> 简评：同样的东西用在不同的地方，其效果大不一样。对待事物，要主动探究事理，从而完美地利用它的内在价值。

庄周梦蝶

昔者①庄周梦为胡蝶②，栩栩然③胡蝶也。自喻适志与，不知周也④。俄然觉⑤，则蘧蘧然⑥周也。不知周之梦为胡蝶与，胡蝶之梦为周与？周与胡蝶，则必有分⑦矣。此之谓物化⑧。(《庄子·齐物论》)

注释：

①**昔者**：过去、曾经。

②**胡蝶**：蝴蝶。

③**栩栩（xǔ）然**：活灵活现、生动的样子，形容蝴蝶飞舞得轻快自如。

④**自喻适志与，不知周也**：自己觉得快乐极了，竟然完全忘记自己是庄周了。适志，快意。与，同"欤（yú）"，句末语气词，表示疑问或者感叹。《说文》："欤，安气也。"

⑤**俄然觉**：突然醒来。

⑥**蘧（qú）蘧然**：惊喜的样子。

⑦**分**：分别、区别。《说文》："分，别也。"

⑧**物化**：物我一体，即一种泯灭事物差别、彼此浑然同化的和谐境界。

简评：以道化物，万物平等，顺其本性，才能"天人合一"。

相濡以沫

泉涸①，鱼相与处于陆②，相呴以湿，相濡以沫，不如相忘于江湖③。(《庄子·大宗师》)

注释：

①涸（hé）：失去水而干枯，竭、尽。《说文》："涸，渴也。"段玉裁《说文解字注》："渴，尽也。"

②鱼相与处于陆：鱼儿们就一起被困在陆地上。

③相呴以湿，相濡以沫，不如相忘于江湖：张口哈气使对方湿润，用唾沫互相湿润，不如在江湖里彼此相忘而自在。呴（xǔ），慢慢呼气。濡（rú），沾湿，使湿润。以，用。沫（mò），唾液。不如，不及，赶不上。于，介词，在……里。江湖，江河湖海，泛指鱼儿们应该自由生活的地方。

简评：在自己最适宜的地方快乐地生活，相忘于江湖。

东施效颦

西施病心①而颦②其里③,其里之丑人见之而美之,归亦捧心而颦其里。其里之富人见之,坚闭门而不出④;贫人见之,挈⑤妻子而去之走⑥。彼知颦美,而不知颦之所以美。(《庄子·天运》)

注释:

① 病心:心口病。

② 颦(pín):通"颦",蹙额、皱眉头。

③ 里:住宅、住宅区,此处指乡里、乡邻。《说文》:"里,居也。"

④ 坚闭门而不出:紧紧地关闭房门而不出来。

⑤ 挈(qiè):带领、率领。《说文》:"挈,县(悬)持也。"

⑥ 去之走:离开她而逃走。去,离开,离她而去。走,逃离、跑开。《说文》:"走,趋也。"

简评:盲目模仿,适得其反。

《庄子》节选

望洋兴叹

秋水时①至，百川灌河，泾流②之大，两涘③渚崖④之间，不辨牛马⑤。于是焉河伯欣然自喜，以天下之美为尽在己。顺流而东行，至于北海⑥，东面而视，不见水端⑦。于是焉河伯⑧始旋其面目⑨，望洋⑩向若⑪而叹曰："野语⑫有之曰：'闻道百⑬以为莫己若⑭'者，我之谓也。且夫我尝闻⑮少⑯仲尼之闻⑰而轻⑱伯夷⑲之义⑳者，始吾弗信；今我睹子㉑之难穷㉒也。吾非至于子之门则殆㉓矣，吾长见笑于大方之家㉔。"（《庄子·秋水》）

注释：

①**时**：作动词，按时。

②**泾流**：直流的水波，此指水流。泾（jīng），通"径"。

③**两涘**（sì）：河的两岸。涘，水边。

④**渚**（zhǔ）**崖**：渚岸，水洲岸边。渚、洲也，水中的小块陆地。

⑤**不辨牛马**：连牛马这样的大动物都分辨不清，比喻河水声势浩大。辩，通"辨"，辨别、区分。《说文》："辨，判也。"

⑥**北海**：渤海。

⑦**端**：端涯，即岸。

045

⑧ **河伯**：河神，黄河之神。伯，对长者的称呼。

⑨ **旋其面目**：改变观点，即改变"以天下之美为尽在己"的观点。旋，转、改变。《说文》："旋，周旋，旌旗之指挥也。"

⑩ **望洋**：仰视的样子。又作"望羊"或"望佯""望阳"等，联绵词。

⑪ **若**：北海若，即海神名。

⑫ **野语**：民间俗语。

⑬ **百**：多，形容很多。

⑭ **莫己若**：没有谁比得上自己，即"莫若己"。

⑮ **尝闻**：曾经听说。

⑯ **少**：以……为少，小看。

⑰ **闻**：见闻、知识。《说文》："闻，知闻也。"

⑱ **轻**：看轻、轻视。

⑲ **伯夷**：商孤竹君之子，与弟叔齐争让王位，被认为节义高尚之士。

⑳ **义**：义行。

㉑ **子**：原指海神若，此指海水。

㉒ **难穷**：难以穷尽。

㉓ **殆**：危险。此处应为尴尬、陷入认识上的困境的意思。

㉔ **吾长见笑于大方之家**：我一定会永远被懂得大道的人所讥笑了。长，永远，长久。见，被。大方之家，有学问的人。大方，大道。

🖋 简评：人外有人，天外有天。人应从有限的小天地走向无垠的大自然，才能拓宽知识视野，认识自然的无穷奥妙。

曳尾涂中

庄子钓于濮水①，楚王②使大夫二人往先焉③，曰："愿以境内累矣④！"庄子持竿不顾，曰："吾闻楚有神龟，死已三千岁⑤矣，王以巾⑥笥⑦而藏⑧之庙堂之上。此龟者，宁⑨其死为留骨而贵⑩乎？宁其生而曳尾于涂中⑪乎？"二大夫曰："宁生而曳尾涂中。"庄子曰："往矣⑫！吾将曳尾于涂中。"（《庄子·秋水》）

> **注释：**
>
> ①濮（pú）水：古代水名，流经古菏泽区域的一条重要河流。
>
> ②楚王：楚威王。
>
> ③往先焉：楚王先派了两个大夫去表达他的意思。
>
> ④愿以境内累矣：我希望将国内政事委托给先生。累（lèi），受累、劳累、劳烦，这是谦虚的说法，意思是请庄子帮助治理国家。
>
> ⑤岁：年。《说文》："岁，木星也。"
>
> ⑥巾：用巾包裹、覆盖。《说文》："巾，佩巾也。"
>
> ⑦笥（sì）：盛放饭食或衣物的竹制盛器。《说文》："笥，饭及衣之器也。"
>
> ⑧藏：珍藏、收藏、储藏。《说文》："藏，匿也。"

⑨ **宁**：宁可、宁愿。副词，表示主观选择或意愿。

⑩ **留骨而贵**：留下一把骨头显示尊贵。

⑪ **曳**（yè）**尾于涂中**：拖着尾巴在泥中。曳，拖、牵引。《说文》："曳，臾（yú）曳也。"涂，泥涂。《说文》："涂，泥也。"

⑫ **往矣**：您走吧。往，去。《说文》："往，之也。"

✒ 简评：死而荣华不如生而自由。

鲁侯养鸟

昔者海鸟止①于鲁郊②，鲁侯御③而觞④之于庙⑤。奏⑥《九韶》⑦以为乐⑧，具⑨太牢⑩以为膳⑪。鸟乃眩⑫视忧悲，不敢食一脔⑬，不敢饮一杯，三日而死。此以己养⑭养鸟也，非以鸟养⑮养鸟也。（《庄子·至乐》）

注释：

① **止**：栖息。

② **鲁郊**：鲁国都城郊外。郊，城外。《尔雅·释地》："邑外谓之郊。"

③ **御**（yà）：通"迓"，迎接。

④ **觞**（shāng）：古代盛酒器，此处为饮酒。

⑤庙：宗庙，供奉祖先、神灵的房屋。《说文》："庙，尊先祖皃（mào）也。"《释名·释宫室》："庙，貌也。先祖形貌所在也。"

⑥奏：演奏。

⑦《九韶》：传说中的舜乐名，因其乐共九章，故名。

⑧乐：配乐。

⑨具：准备、陈设、供置。《说文》："具，共置也。"

⑩太牢：古代帝王、诸侯祭祀时，牛、羊、豕都具备的称为太牢。

⑪膳：饭食，此处指精美的食物。《说文》："膳，具食也。"

⑫眩（xuàn）：眼花，目光摇荡。《说文》："眩，目无常主也。"

⑬脔（luán）：小块肉。《说文》："脔，切肉脔也。"

⑭己养：自己养生的方法。养，养育、饲养。《说文》："养，供养也。"

⑮鸟养：养鸟的方法。

简评：符合客观实际才能好心办好事。

纪渻训鸡

纪渻子①为王养斗鸡。十日而问："鸡已乎②？"曰："未也，方虚憍而恃气③。"十日又问，曰："未也，犹应响景④。"十日又问，曰："未也，犹疾视而盛气⑤。"十日又问，曰："几⑥矣。鸡虽有鸣者，已无变⑦矣，望之似木鸡矣，其德全矣⑧，异鸡⑨无敢应者，反走⑩

049

矣。"(《庄子·达生》)

注释:

① **纪渻(shěng)子**：虚构的人物。

② **鸡已乎**：鸡训练成了吗？

③ **方虚憍而恃气**：它正骄傲而自负。虚，虚浮。憍(jiāo)，古同"骄"，气宇高昂，高傲骄矜，骄傲。《康熙字典》："虚憍，高仰也。"恃气，自恃意气。恃，依靠，凭借。《说文》："恃，赖也。"气，人的精神状态，指勇气、怒气等。

④ **犹应嚮景**：它听到声音或看到影像，还会敏捷地做出反应，此时这只鸡还会为外物所动。应，应对，响应，对……有反应。嚮(xiǎng)，同"響(响)"，这里指鸡的鸣叫声。《说文》："响，声也。"景(yǐng)，通"影"，影子，这里指鸡的身影。

⑤ **疾视而盛气**：目光犀利并有傲气。疾，快速。盛气，斗志旺盛。

⑥ **几**：尽，几乎、差不多（达到要求了）。《说文》："幾(几)，微也，殆也。"

⑦ **已无变**：不为外界所动。

⑧ **其德全矣**：它的斗鸡的素质已完全具备了。德全，德行完备。德，德行。《说文》："德，外得于人，内得于己也。"

⑨ **异鸡**：其他的鸡。异，不相同的、别的、其他的。《说文》："异，分也。"

⑩ **反走**：转身逃跑。

《庄子》节选

> 简评：成功之道在于养成良好的心理素质，排除外界的干扰和保持内在的渊静。

方舟济河

方①舟而济于河，有虚船②来触舟，虽有惼心之人不怒③。有一人在其上，则呼张歙之④，一呼而不闻，再呼而不闻，于是三呼邪，则必以恶声随之⑤。向⑥也不怒而今也怒，向也虚⑦而今也实⑧。人能虚己以游世，其孰能害之⑨！（《庄子·山木》）

注释：

① 方：并船，引申为并。《说文》："方，并船也。"

② 虚船：空船无人。虚，空虚、空着。

③ 虽有惼（biǎn）心之人不怒：（因为船上没人，）即使心地最偏狭、性子最火急的人也不会发怒。惼心，心胸狭窄。惼，狭急、性急、急躁。

④ 呼张歙之：对着他大声呼喊。张歙（xī），意思是张开、关闭。张，展开、扩大，与"翕"相对。歙，通"翕"，收缩、敛息。翕，合。《说文》："翕，起也。"段玉裁注："鸟将起必敛翼。"

⑤ 必以恶声随之：必定用恶毒的咒骂一起喊过去。

⑥ **向**：刚才、从前。

⑦ **虚**：空船无人。

⑧ **实**：坚实、充实，指船上有人。

⑨ **人能虚己以游世，其孰能害之**：人若能够虚怀若谷地生活在世上，又有谁能加害于他呢！虚己，无己、无心，以虚己的态度。游世，悠游于人世。

简评：虚心才能顺心。

每下愈况

东郭子①问于庄子曰："所谓道，恶②乎在③？"庄子曰："无所不在。"东郭子曰："期而后可④。"庄子曰："在蝼蚁⑤。"曰："何其下⑥邪？"曰："在稊稗⑦。"曰："何其愈下邪？"曰："在瓦甓⑧。"曰："何其愈甚邪？"曰："在屎溺⑨。"东郭子不应。庄子曰："夫子之问也，固⑩不及质⑪。正获之问于监市履狶也⑫，'每下愈况'⑬。汝唯莫必，无乎逃物⑭。至道若是，大言亦然⑮。"（《庄子·知北游》）

注释：

① **东郭子**：住在东郭的某先生。

②恶（wū）：疑问代词，何，哪里。

③在：存在。

④期而后可：一定指出道到底存在于哪些地方才可以。期，副词，必、必定。

⑤蝼（lóu）蚁：蝼蛄和蚂蚁。

⑥下：卑下。

⑦稊（tí）稗（bài）：稊指稊草，稊与稗相似，有籽而无实。

⑧瓦甓：铺设于地下的陶制排水管。瓦，陶制品的通称。甓（pì），砖头。

⑨溺（niào）：同"尿"，小便。

⑩固：本来。

⑪不及质：未触及实质、本质。

⑫正获之问于监市履狶也：名叫获的市场官问管理市场的人，如何通过踩猪腿的方法来检验猪的肥瘦。正，管理市场的官。监市，监管市场的人。履（lǔ），踩，作动词。参见《郑人买履》注释。狶（xī），大猪。

⑬每下愈况：愈是往猪腿下面踩，愈能比较出猪的肥瘦。猪腿下部难以长膘，如果下部都很肥，猪的其他部位就更肥了。用以比喻在最卑下处也有道的存在，可见道是无所不在的。况，比较、比况、比拟。

⑭汝唯莫必，无乎逃物：你不必要我来限定道在哪个具体物体上，没有什么道可以脱离具体的事物。必，限定、指明、拘限。

⑮至道若是，大言亦然：最高的道是这样（不脱离具体事务）的，最伟大的言论（至理名言）也是这样。

053

🖋简评：道虽无形却无所不在；事事物物皆有道，却不可名状。

运斤成风

庄子送葬①，过惠子②之墓③，顾④谓从⑤者曰："郢⑥人垩⑦慢⑧其鼻端若蝇翼⑨，使匠石⑩斫⑪之。匠石运斤⑫成风⑬，听⑭而斫之，尽垩而鼻不伤，郢人立不失容⑮。宋元君⑯闻之，召匠石曰：'尝⑰试为寡人为之。'匠石曰：'臣则尝⑱能斫之。虽然⑲，臣之质⑳死久矣！'自夫子之死也，吾无以为质矣，吾无与言之矣㉑！"（《庄子·徐无鬼》）

注释：

①**送葬**：送灵柩下葬，也作"送殡""送丧"。葬，《说文》："葬，藏也。"

②**惠子**：庄子的好朋友惠施。

③**墓**：坟墓。《说文》："墓，丘也。"

④**顾**：回头看。参见《张良受书》的注释。

⑤**从**：跟随。

⑥**郢**（yǐng）：春秋时楚国都城，在今湖北省江陵县。

⑦**垩**（è）：白灰，白色土。

⑧慢：通"漫"，污、涂污。
⑨蝇翼：苍蝇的翅膀。
⑩匠石：匠人的名字。
⑪斫（zhuó）：砍、削，斧砍。《说文》："斫，斩也。"
⑫斤：古代砍伐树木的工具，与斧头相似，此处指斧头。《说文》："斤，斫木也。"
⑬风：像风一样，名词作状语。
⑭听：任意、听凭。
⑮失容：改变神色。
⑯宋元君：宋国国君，即宋元公。
⑰尝：试、试验。
⑱尝：曾经、以前。
⑲虽然：尽管如此。
⑳质：此处指施展技能的对象。《说文》："质，以物相赘（zhuì）也。"
㉑**自夫子之死也，吾无以为质矣，吾无与言之矣**：自从惠施死后，我没有辩论的对象了，我也就没有人可以辩论的了。夫子，惠施。无以，与"无与"对文，意思也相同。

简评：赞美辩论的对手也可以弘扬自己的学说。

触蛮之战

戴晋人①曰:"有所谓蜗②者,君知之乎?"曰:"然。""有国于蜗之左角者,曰触氏③;有国于蜗之右角者,曰蛮氏。时相与争地而战,伏尸④数万,逐北⑤旬有⑥五日而后反⑦。"君曰:"噫⑧!其虚⑨言与?"曰:"臣请为君实⑩之。君以意在四方上下有穷乎⑪?"君曰:"无穷⑫。"曰:"知游心于无穷,而反在⑬通达之国⑭,若存若亡⑮乎?"君曰:"然。"曰:"通达之中有魏,于魏中有梁⑯,于梁中有王,王与蛮氏有辩⑰乎?"君曰:"无辩。"客⑱出而君惝然⑲若有亡⑳也。(《庄子·则阳》)

注释:

① 戴晋人:魏国的贤人、得道者,惠施把他推荐给了魏惠王。

② 蜗(wō):蜗牛。

③ 触氏:虚构的国名。下文中"蛮氏"亦同。

④ 伏尸:倒伏在地上的尸体。

⑤ 逐北:追赶败兵。北,败北,这里指败兵。

⑥ 有:通"又"。

⑦ 反:通"返",返回。

⑧ 噫（yī）：叹词。

⑨ 虚：虚伪、不真实。

⑩ 实：充实、证实，化虚为实。《说文》："实，富也。"

⑪ 君以意在四方上下有穷乎：君主您凭自己的主观想法来推测一下四方上下的宇宙空间有尽头吗？意，意向、心里的想法。《说文》："意，从心察言而知意也。"在，察知、猜测。《说文》："在，存也。"穷，终极。《说文》："穷，极也。"

⑫ 无穷：没有尽头。

⑬ 反在：反察，即转过头来看一眼。

⑭ 通达之国：四海之内。

⑮ 若存若亡：若有若无。

⑯ 梁：魏国都城大梁，在今河南省开封市。

⑰ 辩：通"辨"，区别。《说文》："辨，判也。"

⑱ 客：戴晋人。

⑲ 惝（chǎng）然：若有所失的样子。

⑳ 亡：失。

简评：茫茫宇宙，"道"为至大，无所不包。以道观物，诸侯之间的争夺实在渺小极了，既不值得去干，也不值得一提。

封人言政

长梧封人①问子牢②曰:"君为政焉③勿卤莽④,治民焉勿灭裂⑤。昔予为禾⑥,耕⑦而卤莽之,则其实⑧亦卤莽而报⑨予;芸⑩而灭裂之,其实亦灭裂而报予。予来年变齐⑪,深其耕而熟⑫耰⑬之,其禾繁以滋⑭,予终年厌飧⑮。"(《庄子·则阳》)

> **注释:**

① **长梧封人:** 长梧子。封人,守疆界的人。封,疆域、分界。

② **子牢:** 孔子的弟子。

③ **焉:** 则。

④ **卤(lǔ)莽(mǎng):** 轻率、冒失、粗心大意。

⑤ **灭裂:** 草率、马虎。

⑥ **为禾:** 种地、种庄稼。

⑦ **耕:** 翻土犁地。《说文》:"耕,犁也。"

⑧ **实:** 果实、庄稼的收成。

⑨ **报:** 回报。

⑩ **芸:** 同"耘",除草、拔草。

⑪ **变齐:** 改变方法。齐,通"剂",调配、调和、调剂,此处引申为

⑫ **熟**：认真、仔细。

⑬ **耰**（yōu）：古代的一种农具，弄碎土块、平整土地用。这里用作动词，即用耰进行耕作，泛指耕种。

⑭ **蕃以滋**：繁茂且长势很好。蕃（fán），同"繁"，多、茂盛。以，而。滋，生长、增长。《说文》："滋，益也。"

⑮ **厌飧**：饱食、足食，此处指收成好，粮食吃不完。厌，满足。飧（sūn），晚饭，代指吃饭。《说文》："飧，餔（bū）也。"

> 简评：一分耕耘一分收获。好的收成是辛勤耕耘的结果，好的成绩是努力奋斗的结果。

涸①辙之鲋②

庄周家贫，故往贷③粟于监河侯④。监河侯曰："诺！我将得邑金⑤，将贷⑥子三百金⑦，可乎？"庄周忿⑧然作色，曰："周昨来，有中道⑨而呼者，周顾视⑩，车辙中有鲋鱼焉。周问之曰：'鲋鱼来⑪，子何为者邪？'对曰：'我，东海之波臣⑫也。君岂有斗升之水而活我哉？'周曰：'诺。我且南游吴越之王，激西江之水而迎子，可乎⑬？'鲋鱼忿然作色曰：'吾失我常与，我无所处⑭。吾得斗升之水然活耳，君乃言此，曾⑮不如早索⑯我于枯鱼⑰之肆⑱！'"（《庄子·外物》）

注释：

① 涸（hé）：失去水而干枯。参见《相濡以沫》的注释。

② 鲋（fù）：小鱼。

③ 贷：借贷，此处为借入。《说文》："贷，施也。"

④ 监河侯：监河之官。

⑤ 邑金：年终向封地内百姓所征收的税粮。

⑥ 贷：此处为借出（钱财）。

⑦ 金：钱，铜钱之类的金属货币，不是指黄金。

⑧ 忿（fèn）：愤怒、怨恨。《说文》："忿，悁（yuān）也。"《康熙字典》引《玉篇》："恨也，怒也。"

⑨ 中道：道路中。

⑩ 周顾视：我回头看看。

⑪ 来：语助词。

⑫ 东海之波臣：鲋鱼的自称，即东海海神的臣子。

⑬ 我且南游吴越之王，激西江之水而迎子，可乎：我将要到南方去游说吴国和越国的国王，引过西江的水来迎接你回东海，好吗？

⑭ 吾失我常与，我无所处：我失去我经常生活的环境，没有安身之处。常与，常相共处、经常在的地方，此处指水。

⑮ 曾：还。

⑯ 索：寻找、寻求。《说文解字注》："索，绳也。"

⑰ 枯鱼：干鱼。

⑱ 肆：市场里的店铺。

《庄子》节选

> 简评：具体的帮助远远胜过慷慨动听的空话。

任公垂钓

任①公子②为③大钩巨缁④，五十犗⑤以为饵，蹲乎会稽⑥，投竿东海，旦旦⑦而钓，期年⑧不得鱼。已而⑨大鱼食之，牵巨钩錎⑩没而下，骛⑪扬⑫而奋⑬鬐⑭，白波若山，海水震荡，声侔⑮鬼神，惮赫⑯千里。任公子得若鱼⑰，离⑱而腊⑲之，自制河⑳以东，苍梧㉑以北，莫不厌㉒若鱼者。已而后世轻才㉓讽说㉔之徒，皆惊而相告也。夫揭㉕竿㉖累㉗，趣㉘灌渎㉙，守鲵鲋㉚，其于得大鱼难矣！（《庄子·外物》）

注释：

①任（rén）：周代诸侯国名，在今山东济宁东南。

②公子：诸侯之子。

③为：制作，做。

④巨缁（zī）：粗大的黑绳。《说文》："缁，帛黑色也。"

⑤犗（jiè）：犍（jiān）牛，阉（yān）割过的公牛，这里指肥壮的牛。《说文》："犗，騲（chéng）牛也。"

⑥ **会（kuài）稽**：会稽山，在浙江省绍兴市。

⑦ **旦旦**：天天。

⑧ **期（jī）年**：一整年、满一年。

⑨ **已而**：后来。

⑩ **䧟**：通"陷"，沉入。

⑪ **骛（wù）**：奔驰、迅急。

⑫ **扬**：昂头扬尾。

⑬ **奋**：搧动、伸张。《说文》："奋，翚（huī）也。"

⑭ **鬐（qí）**：通"鳍"，鱼鳍，即鱼翅。

⑮ **侔（móu）**：相同、等同。

⑯ **惮（dàn）赫（hè）**：骇人的声威。

⑰ **若鱼**：这条鱼。若，代词，这。

⑱ **离**：分、剖开。

⑲ **腊（xī）**：干肉，这里作动词，把肉晾干。

⑳ **制河**：制通"浙"，古"浙"字，制河即今钱塘江。

㉑ **苍梧**：山名，在今湖南省南部。相传舜死后葬于此山。

㉒ **厌**：通"餍"，饱食、饱吃。《说文》："厌，饱、足也。"

㉓ **辁才**：才疏学浅的人。辁，古代用全木制的无辐的小车轮。《说文》："蕃车下庳轮也。"

㉔ **讽说**：道听途说。

㉕ **揭**：提、举。

㉖ **竿**：钓鱼竿。

㉗ **累（léi）**：细微的绳索，这里借指钓线。

㉘ **趣**：通"趋"，疾走、奔向、奔赴。
㉙ **灌渎**：灌溉用的小河沟。渎（dú），小沟渠。《说文》："渎，沟也。"
㉚ **鲵**（ní）**鲋**（fù）：鲇鱼和鲫鱼，这里泛指小鱼。

> **简评**：有远志的人必须有所舍才能有所大成，要想成就一番大事业，就得胸怀大志，朝着既定的目标一直走下去，持之以恒，狠下功夫，才会到达胜利的彼岸。

畏影恶迹

人有畏影恶迹①而去之②走③者，举足④愈数⑤而迹愈多，走愈疾⑥而影不离身，自以为尚⑦迟⑧，疾走不休⑨，绝⑩力而死。不知处阴以休影，处静以息迹⑪，愚亦甚矣⑫！（《庄子·渔父》）

注释：

① **畏影恶迹**：害怕自己的身影，厌恶自己的足迹。恶（wù），厌恶。《说文》："畏，恶也。"迹，脚印、足迹。《说文》："迹，步处也。"

② **去之**：除去影、迹。

③ **走**：跑。《说文》："走，趋也。"

④ **举足**：抬脚、迈步子。

⑤ **数**（shuò）：多次、屡次。

⑥ **疾**：快、急速，引申为敏捷。

⑦ **尚**：还。

⑧ **迟**：缓慢。《说文》："迟，徐行也。"

⑨ **休**：停、停止。《说文》："休，息止也，从人依木。"

⑩ **绝**：尽。《说文》："绝，断丝也。"

⑪ **处阴以休影，处静以息迹**：处在日光照不到的地方，影子就消失了；保持安静不动，形迹就止息了。处，处于、置身。息，灭、消失。与"休影"的"休"是对文，意思相同，同为使动用法。

⑫ **愚亦甚矣**：实在太愚蠢了。

> 简评：要解决问题，首先必须懂得什么是事情的根本，不抓根本而抓枝节，绝对不可能解决问题，反倒会被问题压倒。

《战国策》节选

奇货可居

濮阳①人吕不韦②贾③于邯郸④,见秦质⑤子异人⑥。归而谓父曰:"耕田之利⑦几倍?"曰:"十倍。""珠玉之赢⑧几倍?"曰:"百倍。"曰:"立国家之主赢几倍?"曰:"无数⑨。"曰:"今力田疾作,不得煖衣余食⑩;今建国立君,泽可以遗世⑪,愿往事⑫之。"(《战国策·秦策五》)

注释:

① 濮(pú)阳:今河南省濮阳市。

② 吕不韦:战国末年著名商人、政治家,官至秦国丞相。

③ 贾(gǔ):商人,此处应作动词,经商。

④ 邯(hán)郸(dān):战国时期赵国都城。

⑤ 质:做人质。战国时期诸侯国之间为了建立信任关系,要互派人

质，一般用国君之子作为人质，称为"质子"。这里指秦孝文王之子异人在赵国做人质。

⑥ **异人**：即秦昭襄王，秦始皇之父。

⑦ **利**：利润，利益。《说文》："利，铦（xiān）也。"

⑧ **赢（yíng）**：获取的利润，利益。《说文》："赢，有余，贾利也。"

⑨ **无数**：多得不可胜数。

⑩ **今力田疾作，不得煖衣余食**：现在农民努力耕田劳动，尚不能暖衣饱食。力田，务农。疾，勤苦。煖（nuǎn），同"暖"，温暖。《说文》："煖，温也。"

⑪ **今建国立君，泽可以遗世**：若建国、立君主，则利可以传至后世。建，建立，设置。《说文》："建，立朝律也。"

⑫ **事**：为，侍奉。

> 简评：高回报和高风险并存，吕不韦的一生证明了这一点。

画蛇添足

楚有祠①者，赐其舍人②卮③酒，舍人相谓曰："数人饮之不足，一人饮之有余。请画地为蛇，先成者饮酒。"一人蛇先成，引④酒且饮之，乃左手持卮，右手画蛇，曰："吾能为之足。"未成，一人之蛇成，夺其卮曰："蛇固⑤无足，子安能为之足？"遂饮其酒。为蛇足

者终亡其酒。(《战国策·齐策二》)

> 注释:

① 祠（cí）：春祭，祭祀祖先。《说文》："春祭曰祠。"
② 舍人：左右亲信或门客的通称。
③ 卮（zhī）：古代盛酒的器具，圆形，容量四升。《说文》："卮，圜器也。"
④ 引：取、拿。参见《中道而立》的注释。
⑤ 固：本来。

> 简评：做了多余的事，非但无益，反而弄巧成拙，丧失原有的优势。

狐假虎威

虎求①百兽而食之，得狐。狐曰："子无②敢食我也。天帝使③我长④百兽，今⑤子食我，是⑥逆⑦天帝命也。子以我为不信，吾为子先行，子随我后，观⑧百兽之见我而敢不走⑨乎？"虎以为然⑩，故遂与之行。兽见之皆走。虎不知兽畏己而走也，以为畏狐也。(《战国策·楚策一》)

注释：

① 求：找、寻。
② 无：不。
③ 使：命、派。
④ 长：做首领。本义为君长，此处为做百兽的首领，即统治、统率。
⑤ 今：连词，假使、如果。
⑥ 是：这、此。
⑦ 逆：违背、抵触。
⑧ 观：细看、观察，有目的地看。《说文》："观，谛视也。"
⑨ 走：逃走、逃跑。
⑩ 然：正确。

简评：狡诈的手法只是暂时掩盖了虚弱的本质。

惊弓之鸟

更赢①与魏王处京台②之下，仰见飞鸟。更赢谓魏王曰："臣为王引③弓虚发④而下⑤鸟。"魏王曰："然则⑥射⑦可至此乎？"更赢曰："可。"有间，雁从东方来，更赢以虚发而下之。魏王曰："然则射可至此乎？"更赢曰："此孽⑧也。"王曰："先生何以⑨知之？"

对曰:"其飞徐⑩而鸣悲。飞徐者,故疮⑪痛也;鸣悲者,久失群也。故疮未息⑫而惊心未去⑬也,闻弦⑭音引而高飞,故疮陨⑮也。"(《战国策·楚策四》)

> **注释:**

① **更赢**(léi):战国时期魏国大臣,是著名的射箭能手。

② **京台**:高台,一说楚台名。京,人工筑起的最高的丘,引申为高。《说文》:"京,人所为绝高丘也。"台,平而高的建筑物,便于在上面远望。《说文》:"台(臺),观,四方而高者。"

③ **引**:拉、伸。参见《中道而立》的注释。

④ **虚发**:只拉弓而不射箭。

⑤ **下**:使动用法,使……下。

⑥ **然则**:竟然。

⑦ **射**:这里指射箭。

⑧ **孽**(niè):这里指旧伤未愈;一说指受伤的鸟。

⑨ **何以**:"以何"的倒装,即如何。

⑩ **徐**:缓慢。《说文》:"徐,安行也。"

⑪ **疮**(chuāng):伤口。

⑫ **息**:这里指恢复。

⑬ **去**:消除。

⑭ **弦**:弓弦。《说文》:"弦,弓弦也。"

⑮ **陨**(yǔn):坠落。《说文》:"陨,从高下也。"《尔雅》:"陨,坠也。"

069

> 📝 简评：一个人如果曾遭受过重大挫折，留下难以磨灭的负面阴影而心有余悸，如果在今后的生活中重现类似情景，就会因恐惧而不攻自破。

三人成虎

庞葱①与太子②质③于邯郸，谓魏王曰："今一人言市④有虎，王信⑤之⑥乎？"王曰："否。""二人言市有虎，王信之乎？"王曰："寡人疑⑦之矣。""三人言市有虎，王信之乎？"王曰："寡人信之矣。"庞葱曰："夫市之无虎明⑧矣，然而三人言而成虎。今邯郸去⑨大梁也远于市，而议臣者⑩过于三人矣。愿⑪王察⑫之。"王曰："寡人自为知⑬。"于是辞行，而谗言先至⑭。后太子罢质⑮，果不得⑯见⑰。
（《战国策·魏策二》）

注释：

① 庞葱（cōng）：战国时期魏国大臣。
② 太子：魏国太子。
③ 质：做人质。参见《奇货可居》的注释。
④ 市：墟集，集中的买卖场所。参见《屡贱踊贵》的注释。
⑤ 信：相信。

⑥**之**：代词，这里指"市有虎"这件事。

⑦**疑**：怀疑。参见《智子疑邻》的注释。

⑧**明**：明摆着的，明明白白的。《说文》："明，照也。"

⑨**去**：距离。

⑩**议臣者**：非议我的人。议，这里是非议，说人坏话。《说文》："议，语也。"臣，庞葱自称。

⑪**愿**：希望。

⑫**察**：辨别是非，明察。《说文》："察，言微亲察也。"

⑬**寡人自为知**：我自有主张。

⑭**而谗言先至**：人还没到邯郸，谗言就先到了。谗（chán），说别人的坏话。《说文》："谗，譖（zèn）也。"

⑮**后太子罢质**：后来太子结束人质生涯，从赵国回到魏国。罢，结束。

⑯**得**：能够（得到）。

⑰**见**：拜见、谒见。这里指受魏王召见。

简评：谎言重复千遍，就会被当成真实的了。

南辕北辙

今者臣来，见人于大行①，方②北面③而持其驾④，告臣曰："我

071

欲之⑤楚。"臣曰:"君之楚,将奚为北面?"曰:"吾马良。"臣曰:"马虽良,此非楚之路也。"曰:"吾用⑥多。"臣曰:"用虽多,此非楚之路也。"曰:"吾御者⑦善⑧。"此数者愈善而离楚愈远耳。(《战国策·魏策四》)

注释:

① **大行**:大路上,一说指太行山。大,通"太"。行,从甲骨文看本义是十字路口,引申为道路。甲骨文"行":𡘗。

② **方**:正、正在。

③ **北面**:向北。

④ **持其驾**:手持缰绳,驾着马车。《说文》:"驾,马在轭中。"

⑤ **之**:至,到……去。

⑥ **用**:路费、盘缠。《说文》:"用,可施行也。"

⑦ **御者**:驾驭马车的人。《说文》:"御,使马也。"

⑧ **善**:高明、完美。参见《上善若水》的注释。

简评:做人和做事,首先要确立正确的方向。如果方向错了,条件越好,花的力气越大,离自己所要达到的目标就越远。

千金买马

古之人君①,有以千金求千里马者,三年不能得。涓人②言于君曰:"请③求之④"。君遣⑤之⑥,三月得千里马,马已死,买其首五百金⑦。反⑧以报君,君大怒曰:"所求者生⑨马,安事死马⑩而捐⑪五百金?"涓人对曰:"死马且买之五百金,况生马乎?天下必以王为能⑫市⑬马,马今⑭至矣。"于是不能⑮期年⑯,千里之马至者三⑰。(《战国策·燕策一》)

注释:

①**人君**:君主、国君。

②**涓(juān)人**:古代宫中担任洒扫清洁的人,亦泛指国君的近臣,即中涓。

③**请**:请求。

④**之**:代词,这里指千里马。

⑤**遣**:命令、派。

⑥**之**:代词,这里指涓人。

⑦**金**:古代计算货币的单位,不是指黄金。

⑧**反**:通"返",返回。

⑨生：活、活的。《说文》："生，进也，像草木生出土上。"

⑩安事死马：要死马做什么？安事，何用。

⑪捐：花费、丢掉、白白扔掉。《说文》："捐，弃也。"

⑫能：善、善于，在某方面见长。

⑬市：买。

⑭今：副词，立刻、马上。

⑮不能：不及、不满。

⑯期（jī）年：十二个月叫"期年"，即一整年。

⑰三：好几匹。言其多，不是确指。

简评：抛砖引玉，借以成功。

鹬蚌相争

赵且伐燕，苏代①为燕谓惠王②曰："今者臣来，过易水③。蚌方④出曝⑤，而鹬⑥啄其肉，蚌合而拑⑦其喙⑧。鹬曰：'今日不雨，明日不雨，即有死蚌！'蚌亦谓鹬曰：'今日不出，明日不出，即有死鹬！'两者不肯相舍⑨，渔者得而并禽之⑩。今赵且伐燕，燕赵久相支⑪，以弊大众⑫，臣恐强⑬秦之为渔父⑭也。故愿王之熟计之也！"惠王曰："善。"乃止。（《战国策·燕策二》）

注释：

① **苏代**：战国时期纵横家，东周洛阳人。

② **惠王**：赵惠文王。

③ **易水**：水名，今河北省易县南。

④ **方**：正。

⑤ **曝**（pù）：晒、晒太阳。同"暴（pù）"。《说文》："暴，晞（xī）也。"

⑥ **鹬**（yù）：一种水鸟，常在水边或田野捕食小鱼或贝类。

⑦ **拑**（qián）：同"钳"，夹住。

⑧ **喙**（huì）：鸟兽的嘴。

⑨ **舍**：舍弃、放弃。

⑩ **渔者得而并禽之**：渔父一点不费劲地就把它们捉住了。得，能够，不是"获得"之得，此处应指遇到适合、方便的机会。禽，通"擒"。

⑪ **燕赵久相支**：燕赵两国长期相持不下。支，敌、抗拒、对抗。

⑫ **以弊大众**：使双方老百姓疲惫不堪。弊，疲、疲困。使动用法。

⑬ **强**（qiáng）：强大、力量大，跟"弱"相对。《说文》："强（彊），弓有力也。"

⑭ **父**：对从事某种行业的人的美称，多指年老的，如渔父、樵父等。《说文》："父，矩也，家长率教者。"甲骨文"父"：丬。

> 🖉 **简评**：做事时不能意气用事，要考虑得失，互相谦让，退一步海阔天空。

《韩非子》节选

智子疑邻

宋有富人,天雨①墙坏②,其子曰:"不筑③,必将有盗。"其邻④人之父⑤亦云。暮⑥而果⑦大亡⑧其财。其家甚智⑨其子,而疑⑧邻人之父。(《韩非子·说难》)

注释:

①雨:下雨,作动词。

②坏:倒塌。《说文》:"坏,败也。"

③筑:修建。《说文》:"筑,捣也。"

④邻:邻居,住处接近的人家。本义指古代的一种居民组织,五家在一起叫作"邻"。《说文》:"五家为邻。"

⑤父:对老年人的尊称,老人家。不一定是邻居的父亲。

⑥暮:夜晚。本义是太阳将要落下,引申指傍晚、夜晚。参见《师旷

论学》的注释。

⑦果：果然、当真。

⑧亡：丢失。《说文》："亡，逃也。"

⑨智：聪明智慧，意动用法。《说文》："智，识词也。"

⑩疑：怀疑、猜疑。《说文》："疑，惑也。"

简评：交浅不能言深。

老马识途

管仲、隰朋①从②桓公③伐④孤竹⑤，春往⑥冬反⑦，迷惑失道⑧。管仲曰："老马之智可用也。"乃放老马而随之，遂得道。行山中无水⑨，隰朋曰："蚁冬居山之阳，夏居山之阴，蚁壤一寸而有水⑩。"乃掘地，遂得水。

以管仲之圣而隰朋之智，至其所不知，不难师于老马与蚁⑪。今人不知以其愚心而师圣人之智，不亦过乎⑫？（《韩非子·说林上》）

注释：

①管仲、隰（xí）朋：春秋时期齐国大臣。

②从：跟随、随从。《说文》："从，随行也。"

③**桓公**：齐桓公，春秋五霸之一。

④**伐**：讨伐。

⑤**孤竹**：孤竹国，相传为神农氏的后裔，在今河北卢龙县一带。

⑥**往**：出征。

⑦**反**：通"返"，返回。

⑧**迷惑失道**：分不清方向，找不到回去的路。

⑨**行山中无水**：走到山里没有水。

⑩**蚁冬居山之阳，夏居山之阴，蚁壤一寸而有水**：蚂蚁冬天住在山的南坡，夏天住在山的北坡。蚂蚁窝口的土堆高一寸，地下八尺就有水。

⑪**以管仲之圣而隰朋之智，知其所不知，不难师于老马与蚁**：以管仲这样有极高的智慧的人和隰朋这样聪明的人，到了有所不懂的时候，都不惜向老马和蚂蚁请教。而，连词，与。难，厌恶，感到困难。

⑫**今人不知以其愚心而师圣人之智，不亦过乎**：现在的人不知道用自己愚蠢的心去学习圣人的智慧，不也是错误的吗？过，错误。

🖋 **简评**：做事情要多动脑，善于发现事物的规律，对不了解的事情应虚心向有经验的人学习求教，这样可以少走弯路。

刻削之道

　　刻削之道①，鼻莫如大，目莫如小。鼻大可小，小不可大也；目小可大，大不可小也。举事亦然②，为其后可复③者也，则事寡④败⑤矣。(《韩非子·说林下》)

> **注释：**
>
> ① **刻削之道**：雕刻的办法、原则、规律。
> ② **举事亦然**：做任何事情都是这个道理。举，举行、举办，指做事情。
> ③ **复**：重复，此处为补救。《说文》："复，往来也。"《广韵》："复，返也。"
> ④ **寡**：少。
> ⑤ **败**：失败。《说文》："败，毁也。"

> 简评：做事情要未雨绸缪，为日后的补救留有余地。

滥竽充数

齐宣王①使人吹竽②，必三百人。南郭③处士④请为王吹竽，宣王说⑤之，廪食以数百人⑥。宣王死，湣王⑦立，好一一听之，处士逃。(《韩非子·内储说上》)

注释：

①**齐宣王**：战国时期齐国国君，公元前320—公元前301年在位。

②**竽**（yú）：古代的一种管乐器。《说文》："竽，管三十六簧也。"

③**南郭**：复姓。

④**处士**：古代称有学问、有品德而没有做官的人为处士，相当于"先生"。

⑤**说**：通"悦"，高兴。

⑥**廪食以数百人**：享受着吃官仓供应粮食待遇的有数百人。廪（lǐn），赐给的口粮。此处作动词，吃粮仓里的粮食。《说文》："廪，谷所振入。"以，及、将近。

⑦**湣**（mǐn）**王**：齐湣王。

《韩非子》节选

> 简评：人只有刻苦学习，使自己拥有真才实学，才能取得真正的成功。

画鬼最易

　　客有为齐王画者，齐王问曰："画孰①最难者？"曰："犬马最难。""孰易者？"曰："鬼魅②最易。夫犬马，人所知也，旦暮③罄④于前，不可类之⑤，故难。鬼魅无形者，不罄于前，故易之也。"
（《韩非子·外储说左上》）

注释：

① 孰：疑问代词，什么、谁。

② 鬼魅（mèi）：鬼怪。

③ 旦暮：整天，从早到晚。

④ 罄：通"伣（qiàn）"，出现、显现的意思。《说文》："伣，间见。"

⑤ 不可类之：不可能绝对类似它。类，类似、相像。《说文》："类，种、类相似，唯犬为甚。"

> 简评：越是寻常的事情越难糊弄人，越能显现出真功夫。

郑人买履

郑人有欲买履①者,先自度②其足而置③之其坐④,至之市而忘操⑤之。已得履,乃曰:"吾忘持度⑥。"反⑦归取之。及反,市罢⑧,遂不得履。人曰:"何不试之以足?"曰:"宁信度,无自信⑨也。"(《韩非子·外储说左上》)

注释:

① 履(lǚ):鞋。《说文》:"履,足所依也。"

② 度(duó):作动词,丈量、计算。《说文》:"度,法制也。"

③ 置:放、搁、放置。参见《纸上谈兵》的注释。

④ 坐:通"座",座位。

⑤ 操:执持、拿着。《说文》:"操,把持也。"

⑥ 度(dù):此处为名词,指前面已经量好的脚的长短标准,即尺码。

⑦ 反:通"返",返回。与下文"及反"的"反"同义。

⑧ 市罢:集市结束了。

⑨ 无自信:"无信自"的倒装,即不相信自己的脚。

简评:做事情要从实际出发,随机应变,不能墨守成规、死守教条。

曾子杀猪

曾子①之妻之市②，其子随之而泣，其母曰："女③还④，顾反⑤为女杀彘⑥。"妻适市来⑦，曾子欲捕彘杀之，妻止之曰："特⑧与婴儿戏耳。"曾子曰："婴儿非与戏⑨也。婴儿非有知也，待父母而学者也，听父母之教。今子欺之，是教子欺也。母欺子，子而不信其母，非所以成教也⑩。"遂烹⑪彘也。(《韩非子·外储说左上》)

注释：

① 曾子：曾参，孔子弟子，儒家学派的代表人物。

② 之市：到集市去。

③ 女：通"汝"，你。

④ 还：还家、回家、回去。

⑤ 顾反：回头返家。反，通"返"，返回。

⑥ 彘（zhì）：猪。

⑦ 适市来：刚从集市上回来。

⑧ 特：不过、只是。

⑨ 婴儿非与戏：小孩子不是开玩笑的对象。戏，开玩笑、戏弄。

⑩ 今子欺之，是教子欺也。母欺子，子而不信其母，非所以成教也：现在你欺骗了他，这就是教孩子欺骗。做母亲的欺骗了孩子，孩子因此就

不相信母亲了,这不是用来教育孩子的方法。欺,欺骗。《说文》:"欺,诈欺也。"成,做成、养成。

⑪烹(pēng):煮。

✏️简评:父母要以身作则,用行动教育孩子要言而有信、诚实待人。

公仪休拒鱼

公仪休①相鲁②而嗜③鱼,一国尽争买鱼而献之,公仪子不受。其弟谏④曰:"夫子嗜鱼而不受者何也?"对曰:"夫唯嗜鱼,故不受也。夫即受鱼,必有下人之色;有下人之色,将枉于法;枉于法则免于相。虽嗜鱼,此不必能自给致我鱼,我又不能自给鱼。即无受鱼而不免于相,虽嗜鱼,我能长自给鱼⑤。"此明夫恃人不如自恃也,明于人之为己者,不如己之自为也⑥。(《韩非子·外储说右下》)

注释:

①公仪休:春秋时期鲁国人。
②相鲁:做鲁国的相。
③嗜(shì):爱好、喜爱。参见《脍炙人口》的注释。
④谏(jiàn):规劝。参见《约法三章》的注释。

⑤ 夫唯嗜鱼，故不受也。夫即受鱼，必有下人之色；有下人之色，将枉于法；枉于法则免于相。虽嗜鱼，此不必能自给致我鱼，我又不能自给鱼。即无受鱼而不免于相，虽嗜鱼，我能长自给鱼：正因为爱吃鱼，我才不收鱼。假如收了，一定会有迁就别人的神色的表现；有迁就他们的表现，就将违背法令；违背法令就会被罢免相位。即使爱吃鱼，这样也就不一定再给我鱼，我又不能自己供应给自己鱼吃。如果不受鱼，那就不会被免相，尽管爱吃鱼，我就能够经常自己搞到鱼。枉（wǎng），违背、歪曲。《说文》："枉，衺（xié）曲也。"给（jǐ），供应。《说文》："给，相足也。"即，如果、假如。

⑥ 此明夫恃人不如自恃也，明于人之为己者，不如己之自为也：这是懂得那种依靠别人不如依靠自己，靠别人为自己不如自己为自己的道理。明，明白、懂得。《说文》："明，照也。"恃，依靠、凭借。《说文》："恃，赖也。"

> 简评：做人要保持清廉的品行，保持清醒的头脑，做到"拒腐蚀，永不沾"，才能立于不败之地。

《晏子春秋》节选

晏子使楚

晏子①使楚，楚人以晏子短，为②小门于大门之侧而延③晏子。晏子不入，曰："使狗国者，从狗门入，今臣使楚，不当从此门入。"傧④者更道从大门入。见楚王，王曰："齐无人耶，使子为使？"晏子对曰："齐之临淄三百闾⑤，张袂成阴⑥，挥汗成雨，比肩继踵⑦而在，何为无人？"王曰："然则何为使子？"晏子对曰："齐命使，各有所主。其贤者使使贤主，不肖⑧者使使不肖主。婴最不肖，故宜⑨使楚矣！"（《晏子春秋》）

注释：

①晏子：晏婴，春秋时期齐国著名政治家。

②为：作。

③延：迎、引进、接待。《说文》："延，长行也。"

④傧（bīn）：引导、迎接宾客者。《说文》："傧，导也。"即引导宾客。

⑤闾（lú）：古代社会的基层组织，周制以二十五家为一闾。《说文》："闾，里门。"即里巷的门。

⑥袂（mèi）：衣袖。《说文》："袂，袖也。"

⑦踵（zhǒng）：在后面跟着，追逐、跟随；一说指脚后跟。《说文》："踵，追也。"即追逐。

⑧不肖：儿女不像他的父母，引申为品行不正。肖，形体容貌相似。《说文》："肖，骨肉相似也。从肉，小声。"

⑨宜：合适、相称。《说文》："宜，所安也。"

简评：晏子遇事不乱，临大节而不辱，娴于辞令，出妙语而制胜。

橘生淮南

晏子将使楚，楚王闻之，谓左右曰："晏婴，齐之习①辞②也。今方来，吾欲辱③之，何以也？"左右对曰："为其来也，臣请缚一人，过王而行，王曰：'何为者也？'对曰：'齐人也。'王曰：'何坐④？'曰：'坐盗。'"晏子至，楚王赐晏子酒。酒酣⑤，吏二缚一人诣王。王曰："缚者曷⑥为者也？"对曰："齐人也，坐盗。"王视晏子曰："齐人固⑦善盗乎？"晏子避席⑧对曰："婴闻之，橘⑨生淮南则为橘，生于淮北则为枳⑩，叶徒⑪相似，其实⑫味不同。所以然者何？水土

087

异也。今民生长于齐不盗，入楚则盗，得无楚之水土使民善盗耶？"王笑曰："圣人非所⑬与熙⑭也，寡人反取病⑮焉。"(《晏子春秋》)

注释：

① 习：熟悉、擅长。《说文》："习，数飞也。"

② 辞：言辞、文辞。《说文》："辞，讼也。"

③ 辱：侮辱。《说文》："辱，耻也。"

④ 坐：因犯……罪或错误。

⑤ 酣（hān）：饮酒尽兴，喝酒喝得很畅快。《说文》："酣，酒乐也。"

⑥ 曷（hé）：何、何故。《说文》："曷，何也。"

⑦ 固：副词，本来。

⑧ 避席：离开座位站起来，表示尊敬。

⑨ 橘（jú）：果木名，果实为橘子。

⑩ 枳（zhǐ）：果树名，果似橘而酸。《说文》："枳，木似橘。"

⑪ 徒：副词，仅仅。

⑫ 其实：它们的果实。

⑬ 非所：不可。

⑭ 熙（xī）：通"嬉"，开玩笑。

⑮ 病：耻辱。

简评：晏子临阵不乱，谈笑自若，巧言智辩，应付裕如。

《吕氏春秋》节选

循表夜涉

荆人①欲袭宋,使人先表②澭水③。澭水暴④益⑤,荆人弗知,循⑥表而夜涉⑦,溺死者千有余人,军惊而坏都舍⑧。向⑨其先表之时可导⑩也,今水已变而益多矣,荆人尚犹循表而导之,此其所以败也。(《吕氏春秋·察今》)

> 注释:

① **荆人**:楚人。荆与楚都指木,是对同一植物的两种称呼,在文献中互相通用。应该是商末或周初时"楚"字升级为国号后,另造"荆"字代表这种植物。

② **表**:标记、标志。《说文》:"表,上衣也。"

③ **澭(yōng)水**:河流名。约在今山东省菏泽市、河南省商丘市一带。

④ **暴**：突然。

⑤ **益**：水涨。《说文》："益，饶也。"

⑥ **循**：依照。《说文》："循，行顺也。"

⑦ **涉**：步行渡水，引申为渡水。《说文》："涉，徒行厉水也。"

⑧ **军惊而坏都舍**：军队惊乱，就像大房子倒塌了一样。惊，因惊吓而慌乱。《说文》："驚（惊），马骇（hài）也。"而，通"若，如"，如同、好像。坏，此处指房屋等建筑物倒塌。《说文》："坏，败也。"都舍，大房子。《说文》："都，有先君之旧宗庙曰都。"

⑨ **向**：从前、原来。《说文》："向，不久也。"

⑩ **导**：涉、渡河。

🖊 **简评**：事情的情况发生了变化，解决问题的手段、方法，要随之改变，否则会失败。

刻舟求剑

楚人有涉①江者，其剑自舟中坠②于水，遽③契④其舟曰："是⑤吾剑之所⑥从坠。"舟止，从其所契者入水求之。舟已行矣而剑不行，求剑若此⑦，不亦惑⑧乎？（《吕氏春秋·察今》）

《吕氏春秋》节选

注释：

① **涉**：步行渡水，引申为渡水。参见《循表夜涉》的注释。

② **坠**：落。《说文》："队（坠），从高坠也。"

③ **遽**（jù）：赶紧、赶快。《说文》："遽，窘也。"

④ **契**（qì）：用刀雕刻。《说文》："契，刻也。"

⑤ **是**：这。

⑥ **所**：处所，是……地方。

⑦ **求剑若此**："若此求剑"的倒装。

⑧ **惑**：迷乱、疑惑，使人迷惑。《说文》："惑，乱也。"

> 简评：客观实际是不断发展变化的，用老办法解决新问题，是要闹笑话的。

掩耳盗铃

范氏①之亡也，百姓有得钟②者，欲负③而走，则钟大不可负。以椎④毁之，钟况然⑤有音⑥，恐人闻之而夺己也，遽⑦揜⑧其耳。恶⑨人闻之，可也；恶己自闻之，悖⑩矣。（《吕氏春秋·自知》）

注释：

① 范氏：春秋时期晋国卿大夫之一，后被智氏所灭。

② 钟：本义为一种打击乐器。《说文》："钟（鐘），乐钟也。"

③ 负：背负，用背驮东西。《释名》："负，背也，置项背也。"《说文》："负，恃也。"

④ 椎（zhuī）：敲打东西的器具。

⑤ 况然：钟鸣的声音。

⑥ 音：声音。《说文》："音，声也。生于心有节于外谓之音。"

⑦ 遽（jù）：快速、赶紧。

⑧ 揜（yǎn）：同"掩"，遮蔽、掩盖。

⑨ 恶（wù）：讨厌、厌恶。

⑩ 悖（bèi）：违背道理，错误。《说文》："悖，乱也。"

简评：如果对客观现实不正视、不研究，采取闭目塞听的态度，其结果只能是自食苦果。

《列子》节选

朝三暮四

宋有狙公者①，爱狙，养之成群，能解②狙之意，狙亦得公之心。损其家口③，充狙之欲。俄而匮④焉，将限⑤其食，恐众狙之不驯⑥于己也。先诳⑦之曰："与若芋⑧，朝三而暮四，足乎？"众狙皆起而怒。俄而⑨曰："与若芋，朝四而暮三，足乎？"众狙皆伏而喜。(《列子·皇帝》)

注释：

① **宋有狙公者**：宋国有一个爱养猿猴的人。狙（jū），猿猴的一种。

② **解**：理解、懂得。《说文》："解，判也。"

③ **家口**：家里人的口粮。

④ **匮**（kuì）：缺乏、竭尽。《广雅·释诂》："匮，少也。"《说文》："匮，匣也。"

⑤限：限制。《说文》："限，阻也。"《小尔雅·广诂》："限，界也。"

⑥驯（xùn）：驯服、服从。《说文》："驯，马顺也。"

⑦诳（kuáng）：欺骗、迷惑。《说文》："诳，欺也。"

⑧芧（xù）：橡实。

⑨俄（é）而：不久。

简评：要善于透过现象看本质，不能只停留在表面，被表面现象所迷惑。

《淮南子》节选

共工触山

昔者共工①与颛顼②争为帝,怒而触③不周之山④,天柱⑤折,地维⑥绝。天倾⑦西北,故日月星辰移⑧焉;地不满⑨东南,故水潦⑩尘埃归焉⑪。(《淮南子·天文训》)

注释:

① 共工:传说中的天神名。
② 颛(zhuān)顼(xū):上古部落联盟首领。
③ 触:碰撞。《说文》:"触,抵也。"
④ 不周之山:不周山,传说中的山名。
⑤ 柱:撑天的柱子,泛指像房柱的东西。《说文》:"柱,楹也。"
⑥ 维:用以维系使事物稳定的大绳。《说文》:"维,车盖维也。"
⑦ 倾:倾斜。《说文》:"倾,仄也。"即偏斜、倾斜、不正。

⑧**移**：迁移、移动。《说文》："移，禾相倚移也。"

⑨**满**：充满。

⑩**潦**（lǎo）：雨水。《说文》："潦，雨水大皃。"

⑪**归**：归结、归附。《说文》："归，女嫁也。"

简评：先民对天地起源和地形地貌的朴素认识。

塞翁失马

近①塞②上之人有善③术④者，马无故亡而入胡。人皆吊⑤之，其父⑥曰："此何遽不为福乎⑦？"居⑧数月，其马将⑨胡骏⑩马而归。人皆贺⑪之，其父曰："此何遽不能为祸⑫乎？"家富良马⑬，其子好骑，堕而折其髀⑭。人皆吊之，其父曰："此何遽不为福乎？"居一年，胡人大入塞，丁壮者引弦⑮而战。近塞之人，死者十九⑯，此独以跛⑰之故，父子相保。故福之为祸，祸之为福，化⑱不可极，深不可测⑲也。(《淮南子·人间训》)

注释：

①**近**：靠近。

②**塞**（sài）：边界。《说文》："塞，隔也。"

③ **善**：精通。

④ **术**：术数，古代指星占、卜筮、命相等技艺。《说文》："术（術），邑中道。"

⑤ **吊**：慰问、安慰。《说文》："吊，问终也。"

⑥ **其父**：这位长者、这位老人家。

⑦ **此何遽不为福乎**：怎么知道这事情就不能变成好事呢？何遽，怎么就，表反问。遽（jù），通"讵"，副词，遂、就。福，好事。《说文》："福，佑也。"

⑧ **居**：经过。

⑨ **将**：率领、带领。

⑩ **骏**：良马。《说文》："骏，马之良材者。"

⑪ **贺**：祝贺、庆贺。《说文》："贺，以礼相奉庆也。"

⑫ **祸**：坏事。《说文》："祸，害也。"

⑬ **家富良马**：家中有不少良马。富，多财、充裕、丰富。《说文》："富，厚也。"

⑭ **髀**（bì）：大腿骨。

⑮ **引弦**：拉开弓弦，指拿起弓箭去打仗。

⑯ **十九**：十分之九，指大多数。

⑰ **跛**（bǒ）：腿脚有毛病，走路身体不平衡。《说文》："跛，行不正也。"

⑱ **化**：变、变化。参见《夸父逐日》的注释。

⑲ **深不可测**：深奥的道理是难以测度的。

简评：在一定的条件下，好事和坏事是可以互相转换的，坏事可以变成好事，好事可以变成坏事。这里面的变化是无穷无尽的，道理也是深不可测的。

《史记》节选

指鹿为马

赵高①欲为乱②,恐群臣不听③,乃先设验④,持鹿献于二世⑤,曰:"马也。"二世笑曰:"丞相误邪?谓鹿为马。"问左右,左右或默⑥,或言马以阿顺⑦赵高。或言鹿者,高因阴中诸言鹿者以法⑧。后群臣皆畏⑨高。(《史记·秦始皇本纪》)

注释:

① **赵高**:秦朝二世皇帝时丞相,任中车府令,兼行符玺令事。

② **乱**:叛乱、造反、反叛。

③ **不听**:不服从。

④ **验**:检验、试验。《说文解字注》:"验,证也,征也,效也。"

⑤ **二世**:秦二世皇帝胡亥,后为赵高所杀。

⑥ **默**:沉默、不说话。

⑦ **阿（ē）顺：** 巴结附和、阿谀随顺。

⑧ **高因阴中诸言鹿者以法：** 赵高于是就暗地里中伤那些实说是鹿的人，捏造罪名送法官惩办。

⑨ **畏：** 害怕。参见《畏影恶迹》的注释。

> 简评：一个朝代的衰败总是从思想混乱开始的，"指鹿为马"的事情表明，秦朝无可挽救地走向灭亡。

乌江自刎

于是项王①乃欲东②渡乌江③。乌江亭长④檥⑤船待⑥，谓项王曰："江东⑦虽小，地方千里⑧，众⑨数十万人，亦足王⑩也。愿大王急渡。今独臣有船，汉军至，无以渡。"项王笑曰："天之亡我，我何渡为⑪！且籍⑫与江东子弟八千人渡江而西，今无一人还，纵江东父兄怜⑬而王我，我何面目见之？纵彼不言，籍独不愧⑭于心乎？"乃谓亭长曰："吾知公长者⑮。吾骑此马五岁，所当无敌，尝⑯一日行千里，不忍杀之，以赐⑰公。"……乃自刎⑱而死。(《史记·项羽本纪》)

注释：

① **项王**：西楚霸王项羽。

② **东**：向东。

③ **乌江**：今安徽省和县东北四十里（1里=500米）。

④ **亭长**：秦、汉时在乡村每十里设一亭。亭有亭长，掌治安警卫，相当于现在的派出所所长。

⑤ **檥**（yǐ）：使船靠岸。《康熙字典》："檥，附也。"

⑥ **待**：等待、等候。《说文》："待，竢（sì）也。"《说文解字注》："竢，待也。"

⑦ **江东**：长江在自九江往南京一段的皖江为西南往东北走向，于是将大江以东的江南地区称为"江东"。

⑧ **地方千里**：土地方圆有一千里之多。方，古代计算面积的术语，如纵横百里叫作方百里。

⑨ **众**：此处指民众。《说文》："众，多也。"

⑩ **王**（wàng）：称王，此处用作动词。

⑪ **我何渡为**：我还渡过江干什么呢？

⑫ **籍**（jí）：项羽自称。项羽名籍，字羽。

⑬ **怜**：怜爱、同情。《说文》："怜，哀也。"

⑭ **愧**（kuì）：羞愧、羞惭。《说文》："愧，慙（惭）也。"

⑮ **长者**：忠厚之称。

⑯ **尝**：曾经。

⑰ **赐**：赐予、施与。《说文》："赐，予也。"

⑱刎（wěn）：割颈、抹脖子。《说文》："刎，刭也。"

简评：不屈服、不苟且偷生、宁为玉碎不为瓦全的英雄末路。

约法三章

汉元年①十月，沛公②兵遂先诸侯至霸上③。秦王子婴④素车白马⑤，系颈以组⑥，封皇帝玺符节⑦，降⑧轵道⑨旁。诸将或言诛秦王。沛公曰："始怀王遣我，固以能宽容⑩；且人已服降，又杀之，不祥⑪。"乃以秦王属吏⑫，遂西入咸阳。欲止宫休舍⑬，樊哙⑭、张良谏⑮，乃封秦重宝财物府库，还军霸上。召诸县父老豪桀⑯曰："父老苦⑰秦苛⑱法久矣，诽谤⑲者族⑳，偶语㉑者弃市㉒。吾与诸侯约㉓，先入关者王之，吾当王关中。与父老约法三章耳：杀人者死，伤人及盗抵罪㉔。馀悉除去秦法。诸吏人皆案堵如故㉕。凡吾所以来，为父老除害，非有所侵暴，无恐！且吾所以还军霸上，待诸侯至而定约束耳㉖。"乃使人与秦吏行县乡邑㉗，告谕㉘之。秦人大喜㉙，争持牛羊酒食献飨㉚军士。沛公又让不受，曰："仓粟多，非乏，不欲费人㉛。"人又益喜，唯恐沛公不为秦王。（《史记·高祖本纪》）

《史记》节选

注释：

① 汉元年：公元前206年，这一年刘邦封为汉王，故称汉元年。

② 沛（pèi）公：刘邦。

③ 霸上：地名，在今西安市东的白鹿原。

④ 秦王子婴：秦朝最后一位统治者，史称秦王子婴。

⑤ 素车白马：这是古代帝王向人投降时表示认罪服罪的样子。

⑥ 系颈以组："以组系颈"的倒装，用丝带系着脖子。组，丝绦，用作佩印或佩玉的丝带，是权力的象征。

⑦ 封皇帝玺符节：封好皇帝的御玺和符节。玺（xǐ），玉玺，皇帝的印章。《说文》："玺，王者之印也。"《说文》："符，信也。"节（jié），朝中大臣的一种凭证。《说文》："节，竹约也。"

⑧ 降（xiáng）：投降。《说文》："降，下也。"

⑨ 轵（zhǐ）道：亭名，在今陕西省西安市。

⑩ 宽容：宽厚容人。

⑪ 祥：吉利、吉祥。《说文》："祥，福也。"

⑫ 以秦王属吏：把秦王子婴交给手下官吏看管。属（zhǔ），托付、交给。《说文》："属，连也。"

⑬ 欲止宫休舍：想要留在宫殿中休息，即住在那里。

⑭ 樊（fán）哙（kuài）：刘邦的部将，西汉开国元勋。

⑮ 谏（jiàn）：规劝（君主、尊长或朋友）使改正。《说文》："谏，证也。"

⑯ 豪桀（jié）：有才德有名望的人。豪，才过百人称作豪。桀，通"傑

103

（杰）"。参见《汉初三杰》的注释。

⑰ 苦：意动用法，以……为苦。

⑱ 苛（kē）：苛刻、繁杂、烦琐。参见《苛政猛于虎》的注释。

⑲ 诽（fěi）谤（bàng）：说人坏话，此处应指说了不同意见。

⑳ 族：灭族，刑及父母妻子曰族。

㉑ 偶（ǒu）语：相对私语。偶，相对、相聚。《说文》："偶，桐人也。"

㉒ 弃市：犯人被处死后抛尸于街头。

㉓ 约：预先商定的起相互约束作用的许诺，如婚姻、结盟等。《说文》："约，缠束也。"

㉔ 杀人者死，伤人及盗抵罪：杀人者处以死刑，伤害人及盗窃财物的要按照情节轻重依法判罪。抵，当也，判处。依据罪行的轻重来治罪叫作当，即抵罪，也就是罪罚相符合。

㉕ 案堵如故：（日常工作）像过去一样，原封不动，一切照常。案堵，意为按原来的次序，安安稳稳。案堵也写作"安堵"，不动的意思。

㉖ 待诸侯至而定约束耳：等各路诸侯的军队到来后，再共同制定规章法令。

㉗ 乃使人与秦吏行县乡邑：于是派人和秦朝的官吏一起到各县镇乡村巡视。

㉘ 谕（yù）：本义指旧时上告下的通称，也指告诉。《说文》："谕，告也。"

㉙ 喜：高兴。《说文》："喜，乐也。"

㉚ 献飨：犒劳，献酒食款待人。献，进献。参见《子罕拒玉》注释。飨，以酒食招待人。《说文》："飨，乡人饮酒也。"

㉛ **仓粟多，非乏，不欲费人**：意思是仓库里的粮食不少，并不缺少，不能再让大家破费了。

> 简评：刘邦在和项羽争夺天下的过程中，能始终得到关中百姓的助力，"约法三章"起了很大的作用。

汉初三杰

夫运①筹策②帷帐③之中，决胜于千里之外，吾不如子房④；镇⑤国家，抚⑥百姓，给⑦馈饷⑧，不绝粮道，吾不如萧何；连⑨百万之军，战必胜，攻必取，吾不如韩信。三者皆人杰⑩，吾能用之，此吾所以⑪取天下者也。(《史记·高祖本纪》)

注释：

① **运**：转动（筹算），即拟定、制定（谋略）。
② **筹策**：竹码子，古时计算用具，引申为谋划、策划、谋略等。
③ **帷**（wéi）**帐**：古时军队里用的帐幕。
④ **子房**：张良，字子房。
⑤ **镇**：镇守、镇服。《说文》："镇，博压也。"
⑥ **抚**：安抚、抚慰、慰勉。《说文》："抚，安也。"

⑦ 给（jǐ）：供给、供应。

⑧ 餽（kuì）饟（xiǎng）：也作"馈饷"，指粮饷。

⑨ 连：联结。此处指统领指挥。

⑩ 杰：才过万人称为傑（杰）。《说文》："傑（杰），傲也。"

⑪ 所以：……的原因。

简评：人才的重要性。

孔子学琴

孔子学鼓琴师襄子①，十日不进②。师襄子曰："可以益③矣。"孔子曰："丘已习其曲矣，未得其数④也。"有间⑤，曰："已习其数，可以益矣。"孔子曰："丘未得其志⑥也。"有间，曰："已习其志，可以益矣。"孔子曰："丘未得其为人也⑦。"有间，有所穆然⑧深思焉，有所怡然⑨高望而远志焉。曰："丘得其为人，黯然而黑⑩，几然而长⑪，眼如望羊⑫，如王四国，非文王其谁能为此也⑬！"师襄子辟席再拜，曰："师盖云《文王操》也⑭。"（《史记·孔子世家》）

注释：

① 师襄子：鲁乐太师。

②**进**：前进、进步、进展。《说文》："进，登也。"

③**益**：更多。

④**数**：节奏之数。

⑤**有间**：过了一会儿，此处应指过了一段时间。《说文》："间，隙也。"

⑥**志**：意念、意志，此处指乐曲所表达的思想情感。《说文》："志，意也。"

⑦**丘未得其为人也**：我孔丘还没有体会出作曲者是怎样的人呢。

⑧**穆然**：沉静深思的样子。穆，通"默"，静默。

⑨**怡然**：和悦的样子。怡，和悦。《说文》："怡，和也。"

⑩**黯然而黑**：黑黑的皮肤。

⑪**几（qí）然而长**：高高的个子。几，通"颀（qí）"，修长。《说文》："颀，长貌。"

⑫**眼如望羊**：眼睛深邃远望。望羊，亦作"望洋""望阳"，远视的样子。

⑬**如王四国，非文王其谁能为此也**：如同统治着四方诸侯，不是周文王还有谁能作这样的乐曲呢。

⑭**师盖云《文王操》也**：老师说这乐曲叫作《文王操》啊！

简评：真正有志于学习的人，会用心投入，深入下去，不会轻易带过或半途而废。

功狗功人

　　高帝曰："诸君知猎①乎？"曰："知之。""知猎狗乎？"曰："知之。"高帝曰："夫猎，追杀兽兔者狗也，而发踪指示兽处②者人也。今诸君徒能得走兽耳，功③狗也。至如萧何，发踪指示，功人也。且诸君独以身随我，多者两三人。今萧何举宗④数十人皆随我，功不可忘也。"群臣皆莫敢言。(《史记·萧相国世家》)

注释：

①**猎**：打猎。《说文》："猎，畋猎逐禽也。"

②**而发踪指示兽处**：猎人发现兽兔踪迹指示猎狗去追杀兽兔。

③**功**：有功劳、功勋的。《说文》："功，以劳定国也。"

④**举宗**：全宗族。举，全、皆。《说文》："举，对举也。"

简评：功狗是比喻立功的战将，功人是比喻立功的战略指挥官，谁才是真正立有最大功劳的人？对此刘邦一清二楚。

张良受书

良尝闲①从容步游下邳圯②上，有一老父，衣褐③，至良所，直堕④其履⑤圯下，顾⑥谓良曰："孺子⑦，下取履！"良愕⑧然，欲殴⑨之。为其老，强忍⑩，下取履。父曰："履我⑪！"良业为取履，因长跪⑫履之。父以足受，笑而去。良殊⑬大惊，随目之。父去里所⑭，复还，曰："孺子可教矣。后五日平明⑮，与我会此。"良因怪⑯之，跪曰："诺。"五日平明，良往，父已先在，怒曰："与老人期，后⑰，何也？"去，曰："后五日早会。"五日鸡鸣⑱，良往，父又先在，复怒曰："后，何也？"去，曰："后五日复早来。"五日，良夜未半⑲往。有顷，父亦来，喜曰："当如是。"出一编⑳书，曰："读此则为王者师矣。后十年兴㉑，十三年孺子见我济北㉒，谷城山㉓下黄石即我矣。"遂去，无他言，不复见㉔。旦日视其书，乃《太公兵法》也。良因异之，常习诵读之。(《史记·留侯世家》)

注释：

① 闲：闲暇、悠闲、清闲。

② 圯（yí）：桥。

③ 衣褐（hè）：穿着粗布衣服。《说文》："褐，粗衣。"

④堕（duò）：掉下、坠落。

⑤履：鞋子。参见《郑人买履》注释。

⑥顾：回头看。《说文》："顾，还视也。"

⑦孺（rú）子：小伙子。《说文》："孺，乳子也。"

⑧愕（è）：吃惊。《说文》："愕，相遇惊也。"

⑨殴（ōu）：捶打、击打。《说文》："殴，锤击物也。"

⑩忍：容忍、忍耐、忍受。《说文》："忍，能（耐）也。"

⑪履我：给我穿上鞋。履用作动词，穿鞋。下文"因长跪履之"同。

⑫长跪：古代的一种礼节，指直身而跪，其礼节较轻。

⑬殊：副词，很。

⑭里所：一里来地。所，大约。

⑮平明：犹"黎明"，天刚亮的时候。

⑯怪：惊异，觉得奇怪。《说文》："怪，异也。"

⑰后：迟到，走在后面。《说文》："后（後），迟也。"

⑱鸡鸣：常指天明之前。鸡鸣，又名荒鸡，十二时辰的第二个时辰，以地支来称其名则为丑时，相当于今天的凌晨1～3时。

⑲夜未半：未到半夜。

⑳编：此处是量词，指一部书或一部书按内容划分的部分。《说文》："编，次简也。"

㉑兴：兴起、兴旺。《说文》："兴，起也。"

㉒济北：济水之北。

㉓谷城山：又名黄山，在今山东平阴县西南。

㉔见：通"现"，出现。

《史记》节选

简评:"忍小忿而就大谋",孺子可教也。

管鲍之交

管仲夷吾者,颍上①人也。少时常与鲍叔牙②游③,鲍叔知④其贤⑤。管仲贫困,常欺⑥鲍叔,鲍叔终善遇之⑦,不以为言⑧。……管仲曰:"吾始困时,尝与鲍叔贾⑨,分财利多自与,鲍叔不以我为贪,知我贫⑩也。吾尝为鲍叔谋事而更穷困,鲍叔不以我为愚⑪,知时有利不利也。吾尝三仕三见逐于君,鲍叔不以我为不肖,知我不遭⑫时⑬也。吾尝三战三走,鲍叔不以我怯⑭,知我有老母也。公子纠败,召忽⑮死之,吾幽⑯囚受辱,鲍叔不以我为无耻⑰,知我不羞⑱小节而耻功名不显于天下也。生我者父母,知我者鲍子也。"鲍叔既进管仲,以身下之⑲。……天下不多⑳管仲之贤而多鲍叔能知人也。
(《史记·管晏列传》)

注释:

① **颍上**:今安徽省颍上县。
② **鲍叔牙**:春秋时期齐国大臣。
③ **游**:交游、结交。

111

④ **知**：知道，了解。《说文》："知，识也。"

⑤ **贤**：有才能。《说文》："贤，多才也。"

⑥ **欺**：占便宜，如下文"分财利多自与"。参见《曾子杀猪》注释。

⑦ **终善遇之**：始终对管仲很好。

⑧ **言**：口实。

⑨ **贾**（gǔ）：经商。参见《奇货可居》注释。

⑩ **贫**：贫穷，缺少钱财，与"富"相对。《说文》："贫，财分少也。"

⑪ **愚**：蠢笨、愚蠢。《说文》："愚，戆（gàng）也。"

⑫ **遭**：遇到、碰到。《说文》："遭，遇也。"

⑬ **时**：时机、机会。《说文》："时，四时也。"

⑭ **怯**：胆小、畏缩。参见《胯下之辱》的注释。

⑮ **召忽**：齐国人，和管仲同时辅佐公子纠，公子纠争位失败，齐桓公胁迫鲁国杀掉公子纠，召忽也自杀了。

⑯ **幽**：囚禁、关闭。《说文》："幽，隐也。"

⑰ **耻**：耻辱，可耻的事情。《说文》："耻，辱也。"

⑱ **羞**：耻辱、惭愧。意动用法。

⑲ **鲍叔既进管仲，以身下之**：鲍叔牙情愿官居于管仲之下。

⑳ **多**：称赞、赞扬，《说文》："多，重也。"

🖋 简评：真正的知己可遇不可求。友谊是以诚相待、肝胆相照，更是相互包容、荣辱与共，是得意时的相互鼓励与欢欣，更是失意时的不离不弃。

《史记》节选

韩非之死

　　韩非者，韩之诸公子①也。喜刑名法术之学，而其归②本③于黄老。非为人口吃，不能道说，而善著书。与李斯④俱事荀卿，斯自以为不如非。……人或传⑤其书至秦。秦王见《孤愤》《五蠹》之书，曰："嗟乎，寡人得见此人与之游⑥，死不恨⑦矣！"李斯曰："此韩非之所著书也。"秦因急⑧攻韩。韩王始⑨不用非，及急，乃遣非使秦。秦王悦之，未信用。李斯、姚贾⑩害⑪之，毁⑫之曰："韩非，韩之诸公子也。今王欲并诸侯，非终为韩不为秦，此人之情也。今王不用，久留而归之，此自遗患也，不如以过法诛之。"秦王以为然，下吏治非。李斯使人遗⑬非药，使自杀。韩非欲自陈⑭，不得见。秦王后悔之，使人赦⑮之，非已死矣。（《史记·老子韩非列传》）

注释：

①**诸公子**：群公子，一般指国君的兄弟辈或子侄辈。
②**归**：归宿、结局。
③**本**：起源、本源、起始。《说文》："本，木下曰本。"
④**李斯**：时任秦国廷尉，后担任秦朝丞相。
⑤**传**：传播、流传。《说文》："传，遽也。"

113

⑥游：交游。

⑦恨：怨恨，引申为遗憾。《说文》："恨，怨也。"

⑧急：疾速，快而猛烈，与"缓"相对。《说文》："急，褊（biǎn）也。"

⑨始：最初、开始。参见《朽木不可雕》的注释。

⑩姚贾：秦上卿。

⑪害：嫉妒、妒忌。《说文》："害，伤也。"

⑫毁：毁谤。《说文》："毁，缺也。"

⑬遗（wèi）：送给、给予、赠送。

⑭自陈：自己陈述，当面剖白。

⑮赦：赦免，宽恕罪过。《说文》："赦，置也。"

简评：坏同学的典型。

减灶诱敌

后十三岁，魏与赵攻韩，韩告急于齐。……孙子①谓田忌②曰："彼三晋③之兵素悍勇④而轻齐，齐号为怯，善战者因其势而利导之。兵法，百里而趣利者蹶上将⑤，五十里而趣利者军半至⑥。使齐军入魏地为十万灶，明日为五万灶，又明日为三万灶。"庞涓行三日，大喜，曰："我固知齐军怯，入吾地三日，士卒亡者过半矣。"乃弃其步

《史记》节选

军，与其轻锐倍日并行⑦逐之。孙子度⑧其行，暮当至马陵⑨。马陵道陕⑩，而旁多阻隘⑪，可伏兵，乃斫大树白而书之⑫曰"庞涓死于此树之下"。于是令齐军善射者万弩，夹道而伏，期⑬曰"暮见火举而俱发"。庞涓果夜至斫木下，见白书，乃钻⑭火烛⑮之。读其书未毕，齐军万弩俱发，魏军大乱相失⑯。庞涓自知智穷兵败，乃自刭⑰，曰："遂成竖子之名⑱！"齐因乘胜尽破其军，虏⑲魏太子申⑳以归。孙膑以此名显天下，世传其兵法㉑。（《史记·孙子吴起列传》）

注释：

① **孙子**：此处指孙膑，子是尊称。

② **田忌**：战国时齐国将军。

③ **三晋**：此处指魏国。

④ **悍（hàn）勇（yǒng）**：强悍勇猛。《说文》："勇，气也。一曰健也。"

⑤ **百里而趣利者蹶上将**：奔突到百里之外去追求胜利（利益）的一定会折损上将。蹶（jué），跌倒、栽跟头，即失败、挫折。

⑥ **军半至**：军队只有一半能到达。

⑦ **倍日并行**：一天走完两天的行程。倍、并，加倍。

⑧ **度（duó）**：推测、估计。

⑨ **马陵**：地名，在今河北大名东南。

⑩ **陕（xiá）**：同"狭"，窄、不宽阔，与"广"相对。

⑪ **阻（zǔ）隘（ài）**：险要地带。

⑫ **乃斫大树白而书之**：于是削去大树外皮，在露出的白木上写字。

115

⑬ **期**：约定。

⑭ **钻火**：古人钻木取火，这里指点火。

⑮ **烛**：照、照亮。《说文》："烛，庭燎，大烛也。"

⑯ **相失**：彼此散乱失迷。

⑰ **自刭**（jǐng）：自杀，刎颈自杀。《说文》："刭，刑也。"

⑱ **遂成竖子之名**：竟然成就了这小子（指孙膑）的名声。

⑲ **虏**（lǔ）：俘获、俘虏。《说文》："虏，获也。"

⑳ **魏太子申**：魏惠王太子，与庞涓同领军攻齐，因而被俘，后死于齐国。

㉑ **世传其兵法**：世代流传《孙膑兵法》。《孙膑兵法》在汉代尚流传，六朝以后失传，人多疑之。后来1972年在山东临沂银雀山汉墓出土了《孙膑兵法》，证实了司马迁所言不虚。

> 简评：抓住弱点，因势利导，用减灶的计策诱敌深入，终于使庞涓上钩落网，兵败自刭，孙膑智胜庞涓而名扬天下。

纸上谈兵

赵括自少时学兵法，言兵事，以天下莫能当①。尝与其父奢言兵事，奢不能难②，然不谓善③。括母问奢其故，奢曰："兵，死地也，而括易言之④。使赵不将括即已；若必将之，破⑤赵军者必括也！"

及括将行，其母上书言于王曰："括不可使将。"王曰："何以⑥？"对曰："始妾事其父，时为将，身所奉饭饮而进食者以十数，所友者以百数⑦；大王及宗室所赏赐者尽以予军吏⑧士大夫，受命之日，不问家事。今括一旦为将，东向而朝⑨，军吏无敢仰视之者，王所赐金帛，归藏于家，而日视便利田宅可买者买之。王以为何如其父？父子异心，愿王勿遣⑩。"王曰："母置之⑪，吾已决矣。"括母因曰："王终遣之，即如有不称，妾得无随坐乎⑫？"王许诺。赵括既代廉颇，悉更约束⑬，易置军吏⑭。秦将白起闻之，纵奇兵⑮，详⑯败走，而绝其粮道，分断其军为二，士卒离心。四十余日，军饿，赵括出锐卒自博战⑰，秦军射杀赵括。括军败，数十万之众遂降秦，秦悉坑⑱之。(《史记·廉颇蔺相如列传》)

注释：

①**莫能当**：没有谁能比得上。当（dāng），匹敌、抵得上。《说文》："当，田相值也。"

②**难**（nàn）：驳倒、反驳。

③**不谓善**：不以为然。

④**兵，死地也，而括易言之**：用兵作战，是置生命于死地的事情，而赵括把用兵打仗说得轻而易举。

⑤**破**：此处指使赵军被攻破、击溃。《说文》："破，石碎也。"《康熙字典》引《正字通》："凡物坏，及行师败其军，夺其地，皆曰破。"

⑥**何以**："以何"的倒装，有什么根据呢？或"何以知之"的省略，即

从哪里知道的呢？

⑦**身所奉饭饮而进食者以十数，所友者以百数**：赵奢亲自奉献食物供养，以老师之礼相待的有几十个人，引为知己以朋友的平等之礼相待的有几百人。友，朋友，结交朋友。《说文》："友，同志为友。相交友也。"即志趣相同是朋友，相交为友。

⑧**军吏**：军中的部属。

⑨**东向而朝**：面东坐下接见部属。古时一般集会以东向为尊，赵括自尊，则不能得死士。

⑩**遣**：派遣、差遣。《说文》："遣，纵也。"

⑪**母置之**：做母亲的不要管这件事情了。置，放弃。《说文》："置，赦也。"

⑫**王终遣之，即如有不称，妾得无随坐乎**：大王一定要用他，如果不称职，我能够免于连坐受罪吗？称，适合、称职。坐，定罪，由……而获罪。

⑬**约束**：军中的规章法令。

⑭**易置军吏**：重新部署，改变领兵将领。

⑮**纵奇兵**：调遣奇兵出击。

⑯**详（yáng）**：通"佯"，假装、故意。《康熙字典》："佯，诈也。"

⑰**赵括出锐卒自博战**：赵括率精兵亲自参加搏斗。博，通"搏"，争斗、搏斗。

⑱**坑**：活埋。

> 简评：说得好不如做得好，遇事多思考，少开口讲道理，多动手做事情。

胯下之辱

淮阴屠①中少年有侮②信者，曰："若虽长大③，好带刀剑，中情④怯⑤耳。"众辱之⑥曰："信能死⑦，刺我；不能死，出我袴⑧下。"于是信孰视之⑨，俛⑩出袴下，蒲伏⑪。一市人皆笑信，以为怯⑫。（《史记·淮阴侯列传》）

注释：

①屠：宰杀牲畜，也指以宰杀牲畜为职业的人。《说文》："屠，刳（kū）也。"

②侮：凌辱、欺负。《说文》："侮，伤也。"

③若虽长大：你虽然又高又大。

④中情：内心、骨子里。

⑤怯：胆小、畏缩。《说文》："怯，多畏也。"

⑥众辱之：当众侮辱韩信。

⑦能死：敢拼命，不怕死。

⑧袴：通"胯（kuà）"，两条大腿之间。《说文》："胯，股也。"

⑨ **孰视之**：注视对方好久。孰，通"熟"，仔细。

⑩ **俛**（fǔ）：同"俯"。向前屈身低下头，跟"仰"相对。《说文》："俯，低头也。"

⑪ **蒲伏**：匍匐，爬行。

⑫ **以为怯**：以……为怯，把……当作胆小的人。

> 简评：忍。大丈夫能忍天下之不能忍，故能为天下之不能为之事。

一饭千金

信钓于城下，诸母①漂②，有一母见信饥，饭③信，竟④漂数十日。信喜，谓漂母曰："吾必有以重报⑤母。"母怒曰："大丈夫不能自食⑥，吾哀⑦王孙⑧而进食，岂望报乎！"……汉五年正月，徙⑨齐王信为楚王，都⑩下邳。信至国，召所从食漂母，赐千金。(《史记·淮阴侯列传》)

注释：

① **诸母**：几位老大娘。

② **漂**：冲洗丝絮。《说文》："漂，浮也。"

③ **饭**：作动词，给饭吃。

④ **竟**：一直到底，终结，不是"竟然"的意思。《说文》："乐曲尽为竟。"

⑤ **报**：报答。

⑥ **不能自食**：自己养活自己。食（sì），供养、喂养。参见《子贡问政》的注释。

⑦ **哀**：可怜。《说文》："哀，闵也。"

⑧ **王孙**：公子，古时对青年人的尊称。

⑨ **徙**：调动管制，此处指改变了韩信的封地。《说文》："徙，移也。"

⑩ **都**：建都，此处指楚王韩信的治所。参见《循表夜涉》的注释。

> 简评：一饭千金，千金抵不过一饭之恩，最重要的是要有懂得感恩的心。

多多益善

上常①从容②与信言诸将能不③，各有差④。上问曰："如我能将⑤几何？"信曰："陛下不过能将十万。"上曰："于君何如？"曰："臣多多而益善耳。"上笑曰："多多益善，何为为我禽⑥？"信曰："陛下不能将兵，而善将将⑦，此乃信之所以为陛下禽也。且陛下所谓天授，非人力也。"（《史记·淮阴侯列传》）

注释：

①**常**：通"尝"，曾经。

②**从容**：自然、随便。

③**能不**（fǒu）：能否，有能力与没能力。

④**差**：差别、等级、等差，指诸将才能高低不齐。《说文》："差，贰也，差不相值也。"

⑤**将**：率领。《说文》："将，帅也。"

⑥**禽**：通"擒"，擒拿、捉拿。下同。

⑦**将将**：驾驭将帅。第一个"将"作动词用。

简评：人各有所长，也各有所短；智者往往善于取他人之长，补自己之短；做人要谦虚谨慎，不可狂妄自大。

缇萦①救父

文帝四年中，人上书言意②，以刑罪当传西之长安③。意有五女，随而泣。意怒，骂曰："生子不生男，缓急④无可使者！"于是少女缇萦伤⑤父之言，乃随父西。上书曰："妾父为吏，齐中称其廉平，今坐法当刑。妾切痛死者不可复生而刑者不可复续⑥，虽欲改过自新，其道莫由⑦，终不可得。妾愿入身⑧为官婢，以赎⑨父刑罪，

使得改行自新也。"书闻，上悲⑩其意，此岁中亦除肉刑法⑪。(《史记·扁鹊仓公列传》)

注释：

① 缇（tí）萦（yíng）：人名，姓淳于，汉代孝女。

② 人上书言意：有人上书告发淳于意。

③ 以刑罪当传西之长安：（淳于意）被判刑，当用专车押送至长安受刑。

④ 缓急：偏义复词，偏义在急，即紧急非常之时。

⑤ 伤：感伤、悲伤。《说文》："伤，创也。"

⑥ 续：连接、接下去。《说文》："续，连也。"

⑦ 其道莫由：重新做人的道路被阻绝。

⑧ 入身：卖身。

⑨ 赎（shú）：用财物或行动抵销罪过，解除刑罚。《说文》："赎，贸也。"

⑩ 悲：同情、怜悯。《说文》："悲，痛也。"

⑪ 除肉刑法：汉文帝废除了伤残肢体的黥（qíng）、劓（yì）、刖（yuè）等肉刑。除，废除、去掉。

> 简评：缇萦救的不仅仅是自己的父亲，也是天下无数想要悔过自新的罪犯。废除肉刑是人类文明的一大进步。

飞将军李广

其后四岁①，广以卫尉为将军②，出雁门③击匈奴。匈奴兵多，破败广军，生得广④。单于素闻广贤，令曰："得李广必生致之⑤。"胡骑得广，广时伤病⑥，置广两马间，络而盛卧广⑦。行十余里，广详⑧死，睨⑨其旁有一胡儿骑善马，广暂⑩腾⑪而上胡儿马，因推堕儿，取其弓，鞭马南驰数十里，复得其余军，因引而入塞。匈奴捕者骑数百追之，广行⑫取胡儿弓，射杀追骑，以故得脱。……广居右北平，匈奴闻之，号曰"汉之飞将军"，避之数岁，不敢入右北平。（《史记·李将军列传》）

注释：

① **其后四岁**：汉武帝元光六年，即公元前129年。

② **以卫尉为将军**：由卫尉被任命为将军。

③ **雁门**：汉代关名，在山西省代县西北。

④ **生得广**：活捉了李广。生，活、活的。作状语时是"活捉"的意思。

⑤ **生致之**：活着送来。

⑥ **伤病**：受伤很严重。此处的"病"作形容词"严重"。不是"受伤且有病"的意思。《说文》："病，疾加也。"《说文解字注》："疾甚曰病。"

⑦ **置广两马间，络而盛卧广**：把李广放到用绳子结成的网兜里，挂在两匹马中间。络（luò），用绳结成网兜，让李广躺在里面。《说文》："络，絮也。"

⑧ **详**：通"佯（yáng）"，假装、故意。《康熙字典》："佯，诈也。"

⑨ **睨（nì）**：斜视、偷看。《说文》："睨，斜视也。"

⑩ **暂**：忽然、突然。《说文》："暂，不久也。"

⑪ **腾**：跳跃、跳起来。

⑫ **行**：顺手、随即。

简评：飞将军李广矫健敏捷，骁勇善战，英勇机智。

一鸣惊人

淳于髡①者，齐之赘婿②也。长不满七尺③，滑稽④多辩，数使诸侯，未尝屈辱。齐威王之时喜隐⑤，好为淫乐长夜之饮，沉湎不治⑥，委政卿大夫。百官荒乱，诸侯并侵，国且危亡，在于旦暮，左右莫敢谏。淳于髡说之以隐曰："国中有大鸟，止⑦王之庭⑧，三年不蜚⑨又不鸣，王知此鸟何也？"王曰："此鸟不飞则已，一飞冲天；不鸣则已，一鸣惊人。"于是乃朝诸县令长七十二人，赏⑩一人，诛⑪一人，奋⑫兵而出。诸侯振惊，皆还齐侵地。威行三十六年。（《史记·滑稽列传》）

注释:

①淳于髡(kūn):战国时期齐国大臣。

②赘(zhuì)婿(xù):结婚后住到女家的男子,在古代备受歧视,等同隶皂。

③长不满七尺:身高不到七尺。以汉尺算,约160厘米,中等个子。

④滑稽(jī):比喻能言善辩,语言流畅。

⑤喜隐:喜欢隐语、谜语。

⑥沉湎(miǎn)不治:迷醉于酒,不问政事。

⑦止:栖息。

⑧庭:通"廷",朝廷。《说文》:"庭,宫中也。"

⑨蜚:通"飞"。

⑩赏:奖赏、赏赐。赏的是即墨大夫。《说文》:"赏,赐有功也。"

⑪诛:杀。杀的是阿大夫。《说文》:"诛,讨也。"

⑫奋:振作。《说文》:"奋,翚(huī)也。"

简评:一鸣惊人需要积聚能量、韬光养晦、等待时机。不鸣只是暂时的沉默,而不是沉睡,是暗自发力,是苦练内功,是要寻找有利时机。

司马谈临终遗嘱

是岁①天子始建汉家之封②，而太史公留滞周南，不得与从事，故发愤且卒③。而子迁适使反，见父于河洛之间。太史公执迁手而泣曰："余先周室之太史也。自上世尝显功名于虞夏，典天官事。后世中衰，绝于予乎？汝复为太史，则续吾祖矣④。今天子接千岁之统⑤，封泰山，而余不得从行，是命⑥也夫，命也夫！余死，汝必为太史；为太史，无忘吾所欲论著⑦矣。且夫孝⑧始于事亲，中于事君，终于立身。扬名于后世，以显父母，此孝之大者。……今汉兴，海内一统，明主贤君忠臣死义之士，余为太史而弗论载，废天下之史文，余甚惧焉，汝其念哉！"迁俯首流涕曰："小子⑨不敏⑩，请悉论⑪先人所次⑫旧闻，弗敢阙。"（《史记·太史公自序》）

注释：

① **是岁**：汉武帝元封元年，即公元前110年。

② **始建汉家之封**：开始进行汉朝的首次封禅祭祀活动。封，古代帝王到泰山顶上增土筑坛祭天。

③ **太史公留滞周南，不得与从事，故发愤且卒**：封禅活动是司马谈所在部门的应管之事，他还亲自参加过有关封禅礼仪的制订，故而深以不能

参与此次活动为遗憾。太史公，司马迁之父司马谈。周南，今河南洛阳一带，即下文的"河洛之间"。发愤，含恨。

④**则续吾祖矣**：就可以继续我祖上的事业了。

⑤**统**：世代相继的系统。《说文》："统，纪也。"

⑥**命**：命运、天命。《说文》："命，使也。"

⑦**吾所欲论著**：此处指撰写《史记》。

⑧**孝**：善事父母为孝。《说文》："孝，善事父母者。"

⑨**小子**：下对上的自称。

⑩**敏**：敏捷，引申为聪慧、勤勉。《说文》："敏，疾也。"

⑪**论**：演绎、阐发。《说文》："论，议也。"

⑫**次**：编排，依次序排列。

简评：父死子继，终成名作。

《汉书》节选

苏武牧羊

单于①愈益欲降之,乃幽②武,置大窖③中,绝不饮食④。天雨⑤雪,武卧啮⑥雪与旃⑦毛并咽⑧之,数日不死。匈奴以为神,乃徙武北海⑨上无人处,使牧羝,羝乳⑩乃得归。……武既至海上,廪食不至⑪,掘野鼠去草实而食之⑫。杖汉节牧羊,卧起操持,节旄⑬尽落。……武以始元六年春至京师。……武留匈奴凡十九岁,始以强壮出,及还,须发尽白。(《汉书·苏武传》)

注释:

①单(chán)于(yú):匈奴人对其君主的称呼。

②幽:囚禁、关闭。参见《管鲍之交》的注释。

③大窖(jiào):收藏东西的地洞。

④食(sì):拿东西给人吃。

⑤雨：像下雨一样降落。作动词，即下（雪）。《说文》："雨，水从云下也。"

⑥啮（niè）：吃。《说文》："啮，噬也。"

⑦旃（zhān）：通"毡"，一种毛织品。

⑧咽（yàn）：吞。

⑨北海：北海为匈奴的最北界，再往外是丁零人。塞外遇大水泽，统称海；一说指今天的贝加尔湖。

⑩羝（dī）乳：公羊生崽。乳，作动词，生产、产崽。《说文》："乳，人及鸟生子曰乳，兽曰产。"

⑪廪（lǐn）食不至：供给的粮食没人给送过来。

⑫掘野鼠去草实而食之：取鼠所收藏的草实而食之；一说，取鼠及草实并而食之。去，藏、收藏。

⑬节旄（máo）：旌节上所缀的牦牛尾饰物。

简评：面对威逼利诱，苏武忠心耿耿，不忘使命，忠贞不屈，不向挫折屈服低头。

主动请缨

终军，字子云，济南人也。少好学，以辩博①能属文②闻于郡中。年十八，选为博士弟子③。……至长安上书言事，武帝异其文，拜④军为谒者给事中⑤。……南越与汉和亲⑥，乃遣军使南越，说⑦

其王,欲令入朝,比内诸侯。军自请曰:"愿受长缨⑧,必羁⑨南越王⑩而致之阙下⑪。"军遂往说越王,越王听许,请举国内属⑫。……越相吕嘉不欲内属,发兵攻杀其王,及汉使者,皆死。……军死时年二十余,故世谓之"终童"。(《汉书·终军传》)

> **注释:**

① **辩博**:博学,知识广博。辩,辩论、申辩,说明是非或争论真假。《说文》:"辩,治也。"博,渊博、广博。《说文》:"博,大通也。"

② **属(zhǔ)文**:缀句成文。属,连接、连缀。《说文》:"属,连也。"

③ **博士弟子**:西汉时期博士官所教授的学生。

④ **拜**:授予官职。

⑤ **谒者给事中**:官名。

⑥ **和亲**:也叫"和戎""和番",是指中原王朝统治者与外族或者外国出于各种目的而达成的一种政治联姻。和,声音相应和、附和、和谐,引申为平和、温和、和平、和好等。《说文》:"和,相应也。"

⑦ **说(shuì)**:游说、说服。

⑧ **缨(yīng)**:绳、绳子。《说文》:"缨,冠系也。"

⑨ **羁(jī)**:束缚、捆缚。《说文》:"羁,马绊也。"

⑩ **南越王**:汉初地方割据政权的南越国国王。

⑪ **阙(quē)下**:宫廷。《说文》:"阙,门观也。"

⑫ **举国内属**:举国附属汉朝。

> **简评**:终军主动请求报国立功的机会。

《新序》节选

叶公好龙

叶公子高①好②龙,钩③以写龙④,凿以写龙⑤,屋室雕文以写龙⑥。于是天龙闻而下之,窥头于牖⑦,拖尾于堂⑧。叶公见之,弃⑨而还⑩走,失其魂魄,五色无主⑪。是叶公非好龙也,好夫似龙而非龙者也⑫。(《新序·杂事第五》)

注释:

① **叶公子高**:楚国叶令,字子高。
② **好**(hào):喜欢、喜爱。
③ **钩**:衣服带钩。
④ **写龙**:绘饰龙纹。写,描摹、模仿。
⑤ **凿以写龙**:在酒器上雕刻龙。凿,通"爵(jué)",酒杯。
⑥ **屋室雕文以写龙**:房屋里雕刻的也是龙的纹饰。

⑦ **牖**（yǒu）：本义为古代建筑中室与堂之间的窗子，后泛指窗。《说文》："牖，穿壁以木为交也。"

⑧ **堂**：本义是房屋内的公共空间、共享空间。《说文》："堂，殿也。"

⑨ **弃**：抛弃。《说文》："弃，捐也。"

⑩ **还**：通"旋"，迅速、立刻。

⑪ **五色无主**：形容因恐惧而神色不定。五色，此处指人脸上的神采。参见《五色令人目盲》的注释。无主，无法主宰。

⑫ **好夫似龙而非龙者也**：喜欢那些像龙而不是龙的东西。

简评：只唱高调，不务实际。

《说苑》节选

师旷论学

晋平公①问于师旷②曰:"吾年七十,欲学,恐③已暮④矣。"师旷曰:"何不炳⑤烛乎?"平公曰:"安⑥有为人臣而戏⑦其君乎?"师旷曰:"盲臣安敢戏其君乎?臣闻之,少而好学,如日出之阳;壮而好学,如日中之光;老而好学,如炳烛之明。炳烛之明,孰与昧行乎⑧?"平公曰:"善哉!"(《说苑·建本》)

注释:

① **晋平公:** 春秋时期晋国国君,公元前557—公元前532年在位。

② **师旷:** 师指乐师,旷是名。春秋时期晋国管理音乐事务的太师,是个盲人,下文的"盲臣"是其自称。他双目失明,仍然热爱学习,对音乐有极高的造诣。

③ **恐:** 恐怕、担心。

④ 暮：年老。《说文》："暮，日且冥（míng）也。"

⑤ 炳（bǐng）：点燃、点亮。《说文》："炳，明也。"

⑥ 安：怎么、哪里。

⑦ 戏：作弄、戏弄。

⑧ 炳烛之明，孰与昧行乎：点上烛火照明比起在黑暗中行走，究竟哪一个好呢？孰与，和……相比，哪一个更……？昧（mèi），黑暗、昏暗。《说文》："昧，闇（àn）也。"

简评：活到老，学到老。

食马得酒

秦缪公①尝出而亡其骏马，自往求之，见人已杀其马，方共食其肉。缪公谓曰："是吾骏马也。"诸人皆惧而起。缪公曰："吾闻食骏马肉不饮酒者杀人②。"即以次③饮之酒④。杀马者皆惭⑤而去。居三年，晋攻秦缪公，围之。往时食马肉者相谓曰："可以出死报食马得酒之恩矣。"遂溃围⑥，缪公卒得以解难胜晋⑦，获惠公⑧以归。此德出而福反⑨也。（《说苑·复恩》）

注释：

①**秦缪公：** 秦穆公。缪，通"穆"，这里应读作 mù。公元前 659—公元前 621 年在位，他勤求贤士，用百里奚、蹇叔等谋臣，励精图治，国势日强，为春秋五霸之一。

②**不饮酒者杀人：** 不喝酒会死人的，此处应指吃骏马的肉不喝酒，会中毒死亡。

③**次：** 次序。

④**饮之酒：** 让他们喝酒。

⑤**惭（cán）：** 惭愧、羞愧。《说文》："惭，愧也。"

⑥**溃（kuì）围：** 突破包围。

⑦**缪公卒得以解难胜晋：** 秦穆公终于能够摆脱了困境，幸免于难，并打败晋国。

⑧**惠公：** 晋惠公夷吾，晋文公的弟弟，公元前 651—公元前 637 年在位。

⑨**德出而福反：** 给人恩惠而得到福佑的回报。反，通"返"，此处指回报。

简评： 秦穆公为人宽厚，胸怀宽广，体恤百姓，独霸西戎，终成一代霸主。

《说苑》节选

螳螂捕蝉

吴王欲伐荆①,告其左右曰:"敢有谏者死!"舍人②有少孺子③者,欲谏不敢,则怀丸操弹,游于后园,露沾其衣,如是者三旦。吴王曰:"子来,何苦沾衣如此?"对曰:"园中有树,其上有蝉,蝉高居悲鸣饮露,不知螳螂④在其后也;螳螂委身曲附欲取蝉,而不知黄雀在其傍⑤也;黄雀延颈欲啄螳螂,而不知弹丸在其下也。此三者,皆务欲得其前利,而不顾其后之有患也。"吴王曰:"善哉。"乃罢其兵。(《说苑·正谏》)

注释:

① 荆:楚国的别称。参见《循表夜涉》的注释。
② 舍人:侍从。
③ 少孺子:人名,生平不详。
④ 螳(táng)螂(láng):又名刀螂,一种肉食性昆虫。
⑤ 傍:通"旁",旁边、身旁。

简评:在考虑问题、处理事情时,要深思熟虑,考虑后果,不能只顾眼前利益,不顾后患。

枭将东徙

枭①逢鸠②，鸠曰："子将安之③？"枭曰："我将东徙。"鸠曰："何故？"枭曰："乡人皆恶我鸣，以故东徙。"鸠曰："子能更④鸣，可矣；不能更鸣，东徙，犹恶子之声。"（《说苑·谈丛》）

注释：

①枭（xiāo）：本义是指一种恶鸟；一说指猫头鹰一类的鸟。《说文》："枭，不孝鸟也。"

②鸠（jiū）：本义是鸠类禽鸟；一说指斑鸠。《说文》："鸠，鹘（gǔ）鸼（zhōu）。似山雀而小，短尾，青黑色。"

③**子将安之**：您要到哪里去？

④**更**：改、改变。《说文》："更，改也。"

简评：解决问题要从根本上着手，否则只是治标不治本，白费功夫。

《列女传》节选

孟母三迁

邹①孟轲②之母也,号孟母。其舍近墓。孟子之少也,嬉游③为④墓间之事,踊跃⑤筑埋⑥。孟母曰:"此非吾所以居处子。"乃去,舍市傍。其嬉戏为贾人衔⑦卖之事,孟母又曰:"此非吾所以居处子也。"复徙,舍学宫⑧之傍,其嬉游乃设俎豆⑨,揖⑩让退进。孟母曰:"真可以居吾子矣。"遂居。及孟子长,学六艺⑪,卒⑫成大儒之名。君子谓孟母善以渐化⑬。(《列女传·邹孟轲母》)

注释:

① 邹:春秋时期诸侯国名,在今山东省邹城一带。

② 孟轲(kē):孟子。

③ 嬉游:游戏。

④ 为:做。

⑤ **踊跃**：积极主动地去做。

⑥ **筑埋**：修筑坟墓掩埋棺材。

⑦ **衒**（xuàn）：沿街叫卖、出卖。《说文》："衒，行且卖也。"

⑧ **学宫**：学校、学堂。

⑨ **俎**（zǔ）**豆**：古代祭祀所用的器皿。俎，行礼时盛放祭品的器具。《说文》："俎，礼俎也。"豆，古代的一种下有高圈足的盛食物的食器，常用作祭祀礼器。

⑩ **揖**（yī）：拱手为礼、谦让。《说文》："揖，攘也。"

⑪ **六艺**：此处应指儒家"大六艺"，即《诗》《书》《礼》《乐》《易》《春秋》；一说指儒家"小六艺"，即礼、乐、射、御、书、数。

⑫ **卒**：终于、最终。

⑬ **君子谓孟母善以渐化**：君子贤人都说孟母很善于利用环境渐染教化孩子。

> 简评："近朱者赤，近墨者黑"，环境是孩子成长和生活中重要的一部分，好的环境可以促进孩子健康成长，而恶劣的环境则可能使孩子也跟着学坏。

《西京杂记》节选

凿壁借光

匡衡字稚圭，勤学①而无烛。邻舍有烛而不逮②，衡乃穿壁③引其光，以书映光而读之。邑人大姓文不识④，家富多书，衡乃与其佣作⑤，而不求偿⑥。主人怪⑦，问衡，衡曰："愿得主人书遍读之。"主人感叹，资给以书⑧，遂成大学⑨。(《西京杂记·卷二》)

注释：

①勤学：努力学习。勤，做事尽力，不偷懒。《说文》："勤，劳也。"烛，火烛、火炬、灯光。

②逮(dài)：到、及。《说文》："逮，及也。"

③穿壁：凿穿邻居家的墙壁。壁，墙壁。《说文》："壁，垣也。"

④邑人大姓文不识：同乡有一个大户人家叫文不识的。

⑤佣作：受雇为人做工、劳动。佣(yōng)，雇佣、受雇佣。《说文》：

"佣,直(值)也。"

⑥**偿**:报答、酬报。《说文》:"偿,还也。"

⑦**怪**:奇怪,以……为怪。

⑧**资给(jǐ)以书**:"以书资给"的倒装,就是把书借给他。资给,资助、提供。《说文》:"资,货也。"以,将、把。

⑨**大学**:大学者、大学问家,即大儒。

> 简评:有心人能为自己创造学习和进步的机会,摆脱外在条件的限制。

《后汉书》节选

与侄儿书

初①，兄子严、敦②并喜讥③议④，而通⑤轻侠客⑥。援前在交阯⑦，还书诫⑧之曰："吾欲汝曹⑨闻人过失，如闻父母之名，耳可得闻，口不可得言也。好论议人长短，妄是非正法⑩，此吾所大恶⑪也，宁死不愿闻子孙有此行也。汝曹知吾恶之甚矣，所以复言者，施衿结缡，申父母之戒，欲使汝曹不忘之耳⑫。"（《后汉书·马援传》）

注释：

①初：当初。用作追叙往事之词，用于句首。《说文》："初，始也，裁衣之始也。"

②兄子严、敦：马援兄长马余的两个儿子马严和马敦。

③讥（jī）：非难、指责的话。《说文》："讥，诽也。"

④议：议论、评议是非，特指议论政事。《说文》："议，语也。"

⑤**通**：结交。《说文》："通，达也。"

⑥**轻侠客**：随随便便地付出行动或生命的人，此处指轻浮、轻佻或不务正业的人。轻，随随便便，不慎重。

⑦**交阯**：西汉武帝时期设置交趾郡，东汉沿置，位于今越南北部红河流域。

⑧**诫**：告诫、警告。《说文》："诫，敕也。"

⑨**汝曹**：你们。曹，辈、类。

⑩**好论议人长短，妄是非正法**：喜欢议论别人的长处和短处，胡乱评论朝廷的法度。是非，评论、褒贬。正法，正当的法制。

⑪**大恶**：非常厌恶、深恶痛绝。

⑫**汝曹知吾恶之甚矣，所以复言者，施衿（jīn）结缡（lí），申父母之戒，欲使汝曹不忘之耳**：你们知道我非常厌恶这种行径，这是我一再强调的原因。就像女儿在出嫁前，父母一再告诫的一样，我希望你们不要忘记啊。施衿结缡，古时女子出嫁，母亲把五彩丝绳和佩巾结在女儿身上，为其整衣，后来比喻父母对子女的教诲。衿，佩带。《说文》："衿，交衽也。"缡，佩巾。《说文》："缡，以丝介履也。"申父母之戒，申明父母的告诫。戒，警示、警戒。《说文》："戒，警也。"

简评：遵纪守法，谨言慎行，听从父母教诲，谨慎交友。

杨震四知

（震）举茂才①，四迁②荆州③刺史④、东莱⑤太守⑥。当之郡，道经昌邑⑦，故所举荆州茂才王密为昌邑令，谒⑧见，至夜怀⑨金十斤以遗⑩震。震曰："故人⑪知⑫君，君不知故人，何也？"密曰："暮夜无知者。"震曰："天知，神知，我知，子知，何谓无知！"密愧⑬而出。后转涿郡太守，性公廉⑭，不受私谒。子孙常蔬食⑮步行；故旧长者⑯或欲令为开产业，震不肯，曰："使后世称为清白吏子孙，以此遗之，不亦厚乎。"（《后汉书·杨震传》）

注释：

①**茂才**：秀才。东汉时为了避讳光武帝刘秀的名字，将秀才改为茂才。

②**迁**：调动官职，一般指提升。《说文》："迁，登也。"

③**荆州**：汉朝十三州之一，范围大致是今河南省西南部，湖北、湖南大部及贵州、广东、广西边缘。

④**刺史**：东汉时期的地方军事行政长官。

⑤**东莱**：东汉郡名，在今山东烟台、威海一带。

⑥**太守**：秦朝至汉朝时期对郡守的尊称。

⑦ 昌邑：西汉昌邑王封地，今山东济宁金乡县。

⑧ 谒（yè）：谒见、拜见。《说文》："谒，白也。"

⑨ 怀：揣着、怀揣。

⑩ 遗（wèi）：给予、赠送。

⑪ 故人：老朋友(杨震自称)。

⑫ 知：了解、知道。

⑬ 愧：惭愧。参见《乌江自刎》注释。

⑭ 廉：不苟取，与"贪"相对。《广雅》："廉，清也。"《说文》："廉，仄也。"

⑮ 蔬（shū）食：粗食。本作"疏食"，即今天的粗粮。

⑯ 故旧长者：老朋友及德高望重的人。

简评：不能因为别人没有看见就做对不起良心的事情，要自觉自律。

乐羊子妻

河南①乐羊子之妻者，不知何氏之女也。羊子尝行路，得遗金一饼，还以与妻。妻曰："妾闻志士不饮'盗泉'之水②，廉者不受嗟来之食③，况拾遗求利，以污其行乎！"羊子大惭，乃捐④金于野，而远寻师学。一年来归，妻跪问其故，羊子曰："久行怀思，无它异也⑤。"妻乃引刀⑥趋机⑦而言曰："此织生自蚕茧，成于机杼⑧。

一丝而累，以至于寸，累寸不已，遂成丈匹⑨。今若断斯织也，则捐失成功，稽废时日⑩。夫子积学，当'日知其所亡⑪'，以就懿德⑫。若中道而归，何异断斯织乎？"羊子感其言，复还终业，遂七年不返。(《后汉书·列女传》)

注释：

①河南：河南郡，治所在今天河南省洛阳市。

②志士不饮"盗泉"之水：有道德节操的人不喝盗泉的水。志士，有志向、有节操的人。盗泉，古泉名，故址在今山东泗水县东北。因水名盗泉，孔子不喝。

③嗟（jiē）来之食：带有侮辱性的施舍。

④捐：扔、丢弃。

⑤无它异也：没有别的意外的事情。

⑥引刀：拿刀、持刀。

⑦趋机：走到织布机前。

⑧机杼（zhù）：织布机和梭子。杼，织布机上的梭子。《说文》："杼，机之持纬者。"

⑨一丝而累，以至于寸，累寸不已，遂成丈匹：一根丝一根丝地积累起来，才达到一寸长，一寸一寸地积累，才能成丈成匹。累，积累。《说文》："累，增也。"

⑩稽废时日：稽延荒废时光。稽，留止、阻碍。《说文》："稽，留止也。"

⑪日知其所亡：每天知道一些过去所不知道的知识，出自《论语·子张》。

⑫以就懿德：以此成就自己的美德。懿，美好。《说文》："懿，专久而美也。"

✎ 简评：学习修业要有恒心。

焦尾琴

吴人有烧桐以爨①者，邕②闻火烈③之声，知其良木，因请而裁④为琴，果有美音，而其尾犹焦⑤，故时人名曰"焦尾琴⑥"焉。（《后汉书·蔡邕传》）

注释：

① 爨 cuàn：烧火做饭。《说文》："爨，齐谓之炊爨。"

② 邕（yōng）：蔡邕，东汉时期名臣、文学家、音乐家、书法家，才女蔡文姬之父。

③ 火烈：物体被火焚烧而爆裂。

④ 裁：制。《说文》："裁，制衣也。"

⑤ 焦：烧焦。《说文》："焦，火所伤也。"

⑥ **焦尾琴**：中国古代四大名琴一之，东汉蔡邕所创制。据《后汉书》李贤注，齐桓公的"号钟"，楚庄王的"绕梁"，司马相如的"绿绮"和蔡邕的"焦尾"，皆名器也。

简评：贤人识良材，经历磨难，终成名器。

《三国志》节选

曹操诳①父

太祖②少③好飞鹰走狗④,游荡无度⑤,其⑥叔父数言⑦之于嵩⑧。太祖患⑨之。后逢叔父于路,乃阳⑩败面喎⑪口;叔父怪而问其故,太祖曰:"卒中恶风⑫。"叔父以告嵩。嵩惊愕,呼太祖,太祖口貌如故。嵩问曰:"叔父言汝中风,已差乎?"太祖曰:"初不中风⑬,但失爱于叔父,故见罔耳⑭。"嵩乃疑焉。自后叔父有所告,嵩终不复信,太祖于是益得肆意⑮矣。(《三国志·魏书·武帝纪》裴松之注)

注释:

① 诳(kuáng):欺骗、迷惑。参见《朝三暮四》的注释。

② **太祖**:此处指曹操。

③ **少**:年轻时、年幼时。

④ **飞鹰走狗**:此处指代不务正业。

⑤ **游荡无度**：游手好闲。

⑥ **其**：此处指曹操。

⑦ **数言**：几次三番告诉，多次告诉。

⑧ **嵩**（sōng）：曹操之父曹嵩。

⑨ **患**：担忧。

⑩ **阳**：通"佯"，假装。

⑪ **喎**（wāi）：《说文》："喎，口戾不正也。"

⑫ **卒中恶风**：突然发作的严重中风。卒，通"猝"，突然。

⑬ **初不中风**：本来没有中风。

⑭ **故见罔耳**：所以才无中生有吧。罔（wǎng），没有。

⑮ **肆**（sì）**意**：任性、任意。肆，用在做坏事方面，指放任、肆无忌惮。《说文》："肆，极、陈也。"

简评：诡谲奸诈，善用计谋。

三余之意

（董）遇①字季直，性质讷而好学②。……遇善③治④《老子》，为《老子》作训注⑤。又善《左氏传》，更为作《朱墨别异》。人有从学者，遇不肯教，而云"必当先读百遍"，言"读书百遍而义自见⑥"。从学者云："苦渴无日⑦。"遇言："当以'三余⑧'。"或⑨问"三余"

151

之意,遇言:"冬者岁之余,夜者日之余,阴雨者时之余也。"由是诸生少⑩从遇学。(《三国志·魏书·王肃传》裴松之注引《魏略·董遇传》)

注释:

①**董遇**:三国时有名的学者。

②**性质讷而好学**:本性朴实木讷,但是很喜欢学习。性,人的本性。《说文》:"性,人之阳气性善者也。"质,质朴、朴实。讷(nè),说话迟钝,口才不佳。《说文》:"讷,言难也。"好学,喜欢学习、勤于学习的意思。

③**善**:善于、喜欢,这里指对……有研究。

④**治**:研究学问。本义是治理、管理、处理,引申为处理其他事情、研究等意义。

⑤**训注**:训释和注解。训,解释词义。

⑥**见(xiàn)**:通"现",显现、显露出来。

⑦**苦渴无日**:苦于没有时间。苦渴,为……而苦恼。日,时间。

⑧**三余**:三种空暇时间。余,闲暇、余暇、空闲。《说文》:"余,饶也。"

⑨**或**:有的人。

⑩**少**:作副词,稍稍、稍微。

✐ **简评**:俗话说"天不怕地不怕,就怕学霸放长假",因为学霸善于利用闲暇时间学习。

曹冲①称象

生五六岁，智意②所及，有若成人之智。时孙权曾致③巨象，太祖欲知其斤重，访④之群下，咸⑤莫能出其理⑥。冲曰："置象大船之上，而刻其水痕所至，称物以载之，则校⑦可知矣。"太祖大悦，即施行⑧焉。（《三国志·魏书·武文世王公传》）

注释：

① 曹冲：东汉末年神童，曹操之子。
② 智意：智谋。
③ 致：送达、给予、献出。《说文》："致，送诣也。"
④ 访：咨询，征求意见。《说文》："泛谋曰访。"
⑤ 咸：都。
⑥ 理：道理。《说文》："理，治玉也。"
⑦ 校：校验、考核、核验。《康熙字典》："校，考校、比校、检校。"
⑧ 施行：推行、实施。

简评：遇事要善于观察，开动脑筋想办法，小孩也有大智慧。

《世说新语》节选

华王优劣

华歆、王朗俱乘船避难，有一人欲依附①，歆②辄③难④之。朗曰："幸尚宽，何为不可？"后贼追至，王欲舍所携⑤人。歆曰："本所以疑⑥，正为此耳。既已纳其自托⑦，宁可以急相弃邪！"遂携拯⑧如初。世以此定华、王之优⑨劣⑩。（《世说新语·德行》）

注释：

① **依附**：依赖、附着、从属。
② **歆**：读作 xīn。
③ **辄**：就、总是。
④ **难**：拒斥、拒绝。
⑤ **携**（xié）：随身带着。《说文》："携，提也。"
⑥ **疑**：疑惑、疑难，引申为猜疑、猜忌。《说文》："疑，惑也。"

⑦託（tuō）：依托、依靠。《广雅·释诂四》："託（托），依也。"《说文》："託（托），寄也。"

⑧拯：援救。《说文》："拯，上举也。"

⑨优：优秀、优胜。《说文》："优，饶也。"

⑩劣：坏，不好，跟"优"相对。《说文》："劣，弱也。"

简评：相比而言，华歆言而有信，不轻易承诺，一旦承诺就要遵守，帮人帮到底。

孔融拜客

孔文举①年十岁，随父到洛②。时李元礼③有盛名，为司隶校尉④。诣门者，皆俊才清称及中表亲戚乃通⑤。文举至门，谓吏曰："我是李府君⑥亲⑦。"既通，前坐。元礼问曰："君与仆有何亲？"对曰："昔先君仲尼与君先人伯阳有师资之尊，是仆与君奕世⑧为通好⑨也。"元礼及宾客莫不奇之。太中大夫⑩陈韪后至，人以其语语之，韪曰："小时了了，大未必佳⑪。"文举曰："想君小时，必当了了。"韪大踧踖⑫。（《世说新语·言语》）

注释：

①孔文举：孔融（róng），字文举。东汉名士、建安七子之一，孔子

二十世孙。

②洛：此处指东汉都城洛阳。

③李元礼：李膺（yīng），字元礼。东汉时期名士、官员。

④司隶校尉：汉至魏晋监督京师和地方的监察官。

⑤诣门者，皆俊才清称及中表亲戚乃通：登门拜访的都是杰出的人才、享有清名的人，以及他的中表亲戚，只有这些人才被允许通报进门。诣，到、到达，多用于到达上级、尊长或尊敬的人所在的地方。《说文》："诣，候至也。"

⑥李府君：此处指李膺。府君，汉代对郡相、太守的尊称。

⑦亲：亲戚、亲属。《说文》："亲，至也。"

⑧奕（yì）世：累世，一代接一代。《说文》："奕，大也。"

⑨通好：彼此往来交好，结交。

⑩太中大夫：官名，掌论议，陈韪（wěi）当时担任此职。

⑪佳：好，令人满意。《说文》："佳，善也。"

⑫踧（cù）踖（jí）：窘迫不自然的样子，应为联绵词。

简评：孔融虽然年少，但极为聪慧、机智。

雪夜访戴

王子猷①居山阴②，夜大雪，眠觉③，开室命酌酒，四望皎然④。

《世说新语》节选

因起彷徨⑤,咏左思⑥《招隐诗》。忽忆戴安道⑦。时戴在剡⑧,即便夜乘小舟就⑨之。经宿⑩方⑪至,造门⑫不前而返。人问其故,王曰:"吾本乘兴⑬而行,兴尽而返,何必见戴?"(《世说新语·任诞》)

注释:

① 王子猷(yóu):王徽之,字子猷,王羲之之子。

② 山阴:旧县名,今浙江绍兴。

③ 眠觉:一觉醒来。

④ 皎(jiǎo)然:明亮洁白的样子。《说文》:"皎,月之白也。"

⑤ 彷徨:徘徊的样子。

⑥ 左思:西晋文学家,所作《招隐诗》写尽隐居田园的乐趣。

⑦ 戴安道:戴逵,博学多能,擅长音乐、书画和佛像雕刻,性高洁,终生隐居不仕。

⑧ 剡(shàn):县名,今浙江绍兴嵊州市。

⑨ 就:到,这里指拜访。《说文》"就,就高也。"

⑩ 经宿:经过了一夜。

⑪ 方:才。

⑫ 造门:到了门口。造,前往、到。《广雅·释言》:"造,诣也。"

⑬ 兴(xìng):兴趣、兴致。《说文》:"兴,起也。"

简评:王子猷率真、随性。

《柳宗元选集》节选

临江之麋

临江①之人，畋②得麋䴥③，畜④之。入门，群犬垂涎⑤，扬尾⑥皆⑦来。其人怒，怛⑧之。自是⑨日⑩抱就⑪犬，习示之⑫，使勿动，稍⑬使与之戏。积久，犬皆⑭如人意⑮。麋䴥稍大，忘己之麋也，以为犬良我友⑯，抵触偃仆⑰，益狎⑱。犬畏主人，与之俯仰⑲甚善，然时啖其舌⑳。三年，麋出门，见外犬在道甚众，走欲与为戏㉑。外犬见而喜且怒㉒，共杀食之㉓，狼藉㉔道上。麋至死不悟㉕。(《柳宗元选集》)

注释：

① **临江**：今江西省樟树市。
② **畋**（tián）：打猎。
③ **麋**（mí）**䴥**（ní）：麋鹿。麋，一种小型鹿类。䴥，古书上指小鹿。

④ **畜**（xù）：饲养。

⑤ **垂涎**（xián）：流口水。

⑥ **扬尾**：摇尾巴。

⑦ **皆**：都。

⑧ **怛**（dá）：惊吓、呵斥。《说文》："怛，憯（惨）也。"

⑨ **自是**：从此。

⑩ **日**：每天。

⑪ **就**：凑近、靠近。参见《雪夜访戴》的注释。

⑫ **习示之**：让狗看熟了。习，熟悉，经常。之，代词，指群犬。

⑬ **稍**：渐渐、逐渐。

⑭ **皆**：同⑦。

⑮ **如人意**：顺从主人意愿。如，依照。

⑯ **良我友**：真是自己的好朋友。良，的确。

⑰ **抵触偃**（yǎn）**仆**：碰撞翻滚。抵触，相互亲近地碰撞。偃仆，放倒、仰倒。

⑱ **狎**：亲昵，态度亲近而不庄重。《说文》："狎，犬可习也。"

⑲ **俯仰**：周旋、应付，指犬迎合顺从麋鹿的动作。

⑳ **啖其舌**：舔它自己的舌头（想吃麋鹿）。

㉑ **走欲与为戏**：（麋鹿）跑过去想和群犬戏耍。

㉒ **喜且怒**：既高兴又恼火。

㉓ **共杀食之**：一起咬死并吃了它。

㉔ **狼藉**：散乱，这里指麋鹿的尸体散乱不整。

㉕ **悟**：明白。《说文》："悟，觉也。"

159

🖋 简评：无自知之明，倚仗权贵而得意忘形，最终招致灭亡。

黔之驴

黔①无驴，有好事者船载以入。至则②无可用，放之山下。虎见之，庞然大物也，以为神③，蔽林间窥之④。稍出近之⑤，慭慭然⑥莫相知。他日，驴一鸣，虎大骇⑦，远遁⑧，以为且⑨噬⑩己也，甚恐。然往来视之，觉无异能⑪者。益⑫习⑬其声，又近出前后，终不敢搏⑭。稍近，益狎⑮，荡⑯倚⑰冲冒⑱，驴不胜怒⑲，蹄之。虎因喜，计之⑳曰："技止此耳！"因跳踉㉑大㘎㉒，断其喉，尽其肉，乃去。噫！形之庞也类有德，声之宏也类有能㉓。向㉔不出其技，虎虽猛，疑畏㉕，卒㉖不敢取。今若是㉗焉，悲夫！（《柳宗元选集》）

注释：

①黔（qián）：唐代黔中道，治所在今重庆彭水县，辖地相当于今彭水、酉阳、秀山一带和贵州北部部分地区。现以"黔"为贵州的别称。

②则：却。

③虎见之，庞然大物也，以为神：老虎看到驴子体形高大，以为神物。庞（páng）然，巨大的样子。庞，通"庞"，高大的样子。

④**蔽林间窥之**：藏在树林里偷偷看它。

⑤**稍出近之**：渐渐地接近它。

⑥**慭**（yìn）**慭然**：惊恐疑惑、小心谨慎的样子。

⑦**骇**：害怕。《说文》："骇，惊也。"

⑧**远遁**：逃到远处。遁，逃走、逃避。《说文》："遁，逃也。"

⑨**且**：将要。

⑩**噬**（shì）：咬。《说文》："噬，啖也。"即咬、吃。《方言》："噬，食也。"

⑪**异能**：特殊本领。

⑫**益**：逐渐。

⑬**习**：熟悉、习惯。

⑭**终不敢搏**：始终不敢扑击它。搏，对打、搏斗、打斗、击。《说文》："搏，索持也。"

⑮**狎**（xiá）：亲近而态度不庄重。

⑯**荡**：碰撞。

⑰**倚**：靠近。

⑱**冲冒**：冲击冒犯。

⑲**不胜怒**：禁不住发怒。不胜，受不住。

⑳**计之**：盘算着这件事。

㉑**跳踉**（liáng）：跳跃。

㉒**㘎**（hǎn）：同"吼"，怒吼。

㉓**形之龙也类有德，声之宏也类有能**：驴的形体高大，好像有德行；声音洪亮，好像有本领。类，似乎、好像。德，道行。宏，洪亮。

161

㉔ **向**：以前、当初。

㉕ **疑畏**：怀疑其有德有能而畏惧，即多疑又害怕。

㉖ **卒**：最后、最终。

㉗ **若是**：落得这般下场。是，这样。

> 简评：无才无德、外强中干而又肆意逞志的人终会露出真面目。

永某氏之鼠

永①有某氏者，畏日②，拘忌异甚③。以为己生岁直子④；鼠，子神⑤也，因爱鼠，不畜猫犬，禁僮⑥勿击鼠。仓廪⑦庖厨⑧，悉⑨以恣⑩鼠不问。由是鼠相告，皆来某氏，饱食而无祸。某氏室无完器，椸⑪无完⑫衣，饮食大率⑬鼠之余⑭也。昼累累⑮与人兼行⑯，夜则窃啮⑰斗暴⑱，其声万状，不可以寝⑲，终不厌⑳。数岁，某氏徙居他州。后人来居，鼠为态如故㉑。其人曰："是阴类㉒恶物㉓也，盗暴㉔尤甚，且何以至是㉕乎哉？"假㉖五六猫，阖门㉗撤瓦㉘灌穴㉙，购僮㉚罗捕㉛之，杀鼠如丘，弃之隐处，臭数月乃已㉜。呜呼！彼以其饱食无祸为可恒㉝也哉！（《柳宗元选集》）

注释:

①**永**:永州,治所在今湖南省永州市零陵区。

②**畏日**:对日辰的迷信忌讳。旧时迷信,对日辰有忌畏而不敢有所举动。

③**拘忌异甚**:拘谨于禁忌,特别厉害。

④**生岁直子**:出生的年份正当农历子年。生在子年的人,生肖属鼠。直,通"值",当着、正当。

⑤**子神**:农历子年的生肖神。

⑥**僮**:童仆,这里泛指仆人。

⑦**仓廪**(lǐn):粮仓。

⑧**庖厨**:厨房。

⑨**悉**:全、都。

⑩**恣**:放纵。《说文》:"恣,纵也。"

⑪**椸**(yí):衣架。

⑫**完**:完好的。

⑬**大率**:大都。

⑭**余**:剩余,即老鼠吃剩下的。

⑮**累累**:一个接一个。

⑯**兼行**:并走。

⑰**窃啮**(niè):偷咬东西。

⑱**斗暴**:搏斗暴乱。

⑲**寝**(qǐn):睡觉。

⑳ **终不厌**：始终不讨厌。

㉑ **为态如故**：活动和从前一样。

㉒ **阴类**：在阴暗地方活动的东西（动物）。

㉓ **恶物**：令人厌恶的动物、坏东西。

㉔ **盗暴**：盗吃食品，糟蹋物品。

㉕ **且何以至是**：为何猖獗到这种程度。是，这样，此处指这种程度。

㉖ **假**：借。

㉗ **阖**（hé）**门**：关闭门窗。

㉘ **撤瓦**：搬开瓦器。瓦，各类陶制器皿。《说文》："瓦，土器已烧之总名。"

㉙ **灌穴**：用水灌老鼠洞。

㉚ **购僮**：悬赏、奖励僮仆；一说指"雇工"，以钱雇佣。

㉛ **罗捕**：搜捕、搜索捕捉。

㉜ **臭数月乃已**：臭味过了好几个月才消散。

㉝ **恒**：久、长久。《说文》："恒，常也。"

✎ 简评：依仗外力保护所获得的安全和威福是不能持久的。

《王安石文集》节选

伤①仲永

　　金溪②民方仲永，世隶耕③。仲永生五年，未尝识书具④，忽啼求之。父异⑤焉，借旁近⑥与⑦之，即书诗⑧四句，并自为其名。其诗以养⑨父母、收族⑩为意⑪，传一乡秀才观之。自是⑫指⑬物作诗立就⑭，其文⑮理⑯皆有可观者。邑人⑰奇⑱之，稍稍⑲宾客⑳其父，或以钱币乞㉑之。父利其然㉒也，日㉓扳㉔仲永环㉕谒㉖于邑人，不使学㉗。予闻之也久。明道㉘中，从㉙先人㉚还家，于舅家㉛见之，十二三矣。令作诗，不能称㉜前时之闻㉝。又七年，还自扬州，复㉞到舅家。问焉，曰："泯然众人矣㉟。"（《王安石文集》）

注释：

①伤：哀伤、叹息。参见《缇萦救父》的注释。

②金溪：地名，今在江西金溪，是王安石外祖父吴玫的家乡。

③**世隶耕**：世代以耕田为生。隶，属于，此处应为从事。

④**书具**：书写的工具，即笔、墨、纸、砚等。

⑤**异**：对……感到诧异。

⑥**借旁近**：就近借来。旁近，附近，这里指邻居。

⑦**与**：给。

⑧**书诗**：写诗。

⑨**养**：奉养、赡养。

⑩**收族**：团结宗族，和同一宗族的人搞好关系。收，聚、团结。

⑪**意**：主旨、文章大意。

⑫**自是**：从此。

⑬**指**：指定。

⑭**就**：完成。

⑮**文**：文采。

⑯**理**：道理，即内容。

⑰**邑人**：同（乡）县的人。

⑱**奇**：对……感到惊奇（奇怪），以……为奇异。

⑲**稍稍**：渐渐。

⑳**宾客**：以宾客之礼相待，用作动词。

㉑**乞**：求取。

㉒**利其然**：认为这样是有利可图的。利，认为……有利可图。

㉓**日**：每天。

㉔**扳（pān）**：通"攀"，挽、牵、引。

㉕**环**：四处、到处。

㉖ **谒**：拜访。

㉗ **不使学**：不让他学习。学，学习、接受教育。参见《颜回好学》的注释。

㉘ **明道**：宋仁宗赵祯年号，即公元1032—1033年。

㉙ **从**：跟随。

㉚ **先人**：此处指王安石死去的父亲。

㉛ **舅家**：王安石母家姓吴，世居金溪乌石冈。

㉜ **称**（chèn）：符合、相符。

㉝ **前时之闻**：以前的名声。

㉞ **复**：又、再。

㉟ **泯**（mǐn）**然众人矣**：（方仲永的才能）消失了，已经完全和普通人一样了。泯然，消失，指原有的特点完全消失了。泯，消失、消灭。《尔雅·释诂》："泯，尽也。"众人，常人。

简评：天分好也要努力学习。

《嘉祐集》节选

名二子说①

轮②辐③盖④轸⑤,皆有职乎车,而轼⑥,独若无所为者。虽然,去轼,则吾未见其为完车也。轼乎,吾惧汝之不外饰⑦也。天下之车莫不由辙⑧,而言车之功者,辙不与焉⑨。虽然,车仆⑩马毙⑪,而患亦不及辙,是辙者,善处乎祸福之间也。辙乎,吾知免矣。(《嘉祐集》)

注释:

①**名二子说**:给两个儿子起名字的议论。名,起名字,名词用作动词。二子,指苏轼、苏辙。说,议论,一种文章体裁。

②**轮**:车轮。

③**辐**:辐条,连接车轮和车毂的木条。

④**盖**:车盖,车顶上的帐篷。

⑤ **轸**（zhěn）：车厢后部的横木。

⑥ **轼**：车厢前面用作扶手的横木。上古的车厢里没有座位，人只能站立车上，为防跌倒，在车厢前部安有一根横木，这根横木就叫轼，也写作"式"。下文"轼乎"之"轼"，指其儿子苏轼。《说文》："轼，车前也。"。

⑦ **不外饰**：不注意外在行为的掩饰，即不掩饰内心的情感和主张。饰，装饰、修饰。《说文》："饰，刷也。"

⑧ **辙**：车轮碾过的痕迹，即轨迹。下文"辙乎"之"辙"指其儿子苏辙。《说文》："辙，车迹也。"

⑨ **辙不与焉**：车辙不在其中。

⑩ **仆**：向前跌倒。

⑪ **毙**（bì）：倒下。《说文》："毙，顿仆也。"

> 简评：知子莫如父。这里表现了苏洵对两个儿子深切的了解，以及伴之而来的希望和担心，对他们的一生做了十分准确的预言。

《苏轼文集》节选

苏轼自评文

吾文如万斛①泉源,不择地皆可出。在平地滔滔汩汩②,虽一日千里无难。及其与山石曲折,随物赋③形,而不可知也。所可知者,常行于所当行,常止于不可不止,如是而已矣。其他虽吾亦不能知也。(《苏轼文集》)

注释:

①斛(hú):旧量器名,亦是容量单位,一斛本为十斗,后来改为五斗。《说文》:"斛,十斗也。"

②滔(tāo)滔汩(gǔ)汩:比喻说话、作文思路像江河里的水一样连续不断。

③赋(fù):赋予、授予、给予。《说文》:"赋,敛也。"《康熙字典》引《韵会》:"赋,禀受也,给与也。"

> 简评：此文既是苏轼对自己文章的总评，也是自述写文章的心得。为文如此，当品读之。

日喻盘烛

生而眇①者不识日，问之有目者。或告之曰："日之状如铜盘。"扣②盘而得其声，他日闻钟，以为日也。或③告之曰："日之光如烛④。"扪⑤烛而得其形，他日揣⑥籥⑦，以为日也。日之与钟、籥亦远矣，而眇者不知其异，以其未尝见而求之人也。（《苏轼文集》）

注释：

① 眇（miǎo）：盲人。《说文》："眇，一目小也。"

② 扣（kòu）：敲击。《说文》："扣，牵马也。"

③ 或：有人。

④ 烛（zhú）：蜡烛。参见《减灶诱敌》的注释。

⑤ 扪（mén）：抚摸。《说文》："扪，抚持也。"

⑥ 揣（chuǎi）：摸、摸索。《说文》："揣，量也。度高曰揣。"

⑦ 籥（yuè）：一种笛类管乐器，比笛短，有七孔、三孔等。

> 简评：求学论道要深入实地调查，脚踏实地地获得直接经验。

《宋史》节选

程门立雪

　　杨时①字中立,南剑②将乐人。幼颖异,能属③文,稍长,潜心经史。熙宁九年④,中进士第。时河南程颢与弟颐⑤讲孔、孟绝学⑥于熙、丰之际⑦,河、洛之士翕然⑧师之。时调官不赴,以师礼⑨见颢于颍昌⑩,相得甚欢⑪。其归也,颢目送之曰:吾道南矣⑫。四年而颢死,时闻之,设位哭寝门,而以书赴告同学⑬者。至是,又见程颐于洛,时盖年四十矣。一日见颐,颐偶瞑坐⑭,时与游酢⑮侍立不去,颐既觉⑯,则门外雪深一尺矣。(《宋史·杨时传》)

注释:

①杨时:北宋哲学家,被后世尊为"闽学鼻祖",发展继承理学。

②南剑:宋代州、路名,治所在今福建省南平市,辖境相当今福建南平市及将乐、顺昌、沙县、尤溪等县地。

③ **属**（zhǔ）：缀句成文。参见《主动请缨》的注释。

④ **熙宁九年**：熙宁是北宋宋神宗的年号，熙宁九年是公元 1076 年。

⑤ **程颢**（hào）**与弟颐**（yí）："二程"，北宋著名学者程颢和程颐。

⑥ **绝学**：造诣独到的学术。《说文》："绝，断丝也。"

⑦ **熙、丰之际**：熙宁、元丰年间。熙宁、元丰都是北宋宋神宗的年号。熙宁是公元 1068—1077 年，元丰是公元 1078—1085 年。

⑧ **翕**（xī）**然**：一致的样子，不约而同。翕，合。《说文》："翕，起也。"

⑨ **礼**：礼节、礼仪。《说文》："礼，履也，所以事神致福也。"

⑩ **颍昌**：北宋府名，今河南省许昌市。

⑪ **相得甚欢**：形容双方相处融洽，非常欢愉。相，互相。得，投合。

⑫ **吾道南矣**：我的学说将向南方传播了。

⑬ **设位哭寝门，而以书赴告同学**：在卧室设了程颢的灵位哭祭，又用书信讣告在一起求学的人。寝（qǐn），此处指内堂卧室。《说文》："寝，卧也。"寝门，古礼天子五门，诸侯三门，大夫二门。最内之门曰寝门，即路门，后泛指内室之门。

⑭ **瞑**（míng）**坐**：闭目静坐或小睡。瞑，闭上眼睛，一说指小睡。《说文》："瞑，翕目也。"

⑮ **游酢**（zuò）：北宋著名学者、理学家，福建建阳人。

⑯ **觉**：睡醒。《说文》："觉，寤也。"

简评：杨时千里寻师，程门立雪，诚心讨教，流传千古。

《郁离子》节选

琴之古今

工之侨得良①桐②焉,斫③而为琴,弦而鼓之④,金声而玉应⑤。自以为天下之美也,献之太常⑥。使国工⑦视⑧之,曰:"弗古⑨。"还之。工之侨以归,谋⑩诸⑪漆工,作断纹⑫焉;又谋诸篆工⑬,作古窾⑭焉;匣⑮而埋诸土,期年⑯出之,抱以适市⑰。贵人⑱过而见之,易⑲之以百金。献诸朝,乐官⑳传视,皆曰:"希世之珍㉑也。"工之侨闻之,叹曰:"悲哉,世也㉒!岂独一琴哉?莫不然矣!而不早图㉓之,其与亡矣。"遂去,入于宕冥之山㉔,不知其所终。(《郁离子·良桐》)

注释:

①良:优质、优良。《说文》:"良,善也。"
②桐:木名,是制作琴的优质材料。

③斫(zhuó)：砍削、雕刻，此指制作。

④弦(xián)而鼓之：安上琴弦弹奏它。弦，此处用作动词，安装上琴弦。

⑤金声而玉应：发出金属一样的声音，又有玉石般的声音响应。这里比喻音色优美动听。

⑥太常：掌管朝廷宗庙祭礼的乐官。

⑦国工：一国之中技艺特别高超的人。

⑧视：鉴定。

⑨古：往昔、旧时。

⑩谋：商议，征求解决疑难的意见或办法。《说文》："虑难曰谋。"

⑪诸："之于"的合音。

⑫断纹：裂纹。指古琴上断裂的纹路。

⑬篆工：撰写篆文的工匠。

⑭古窾(kuǎn)：古代的款识。窾，通"款"，款识，特指钟鼎彝器上铸刻的文字。

⑮匣(xiá)：作动词，指装在匣子里。

⑯期年：一年、周年。期，周期。《说文》："期，会也，合也。"

⑰适市：到集市上去。

⑱贵人：社会地位高的人。

⑲易：交换、交易，指买。

⑳乐官：古代掌管音乐的官员。

㉑希世之珍：世间罕见的珍宝。希，通"稀"。珍，珍品、珍宝。《说文》："珍，宝也。"

㉒悲哉，世也：倒装句，这个社会（世道）真可悲啊！

㉓图：想、考虑、谋划、设法对付。

㉔宕（dàng）冥（míng）之山：作者虚拟的山名。宕冥，高远幽深貌，原指天极高处之气，借指高空。

简评：评价、判断事物不能仅凭外表，不可被表象所迷惑、蒙蔽。

《聊斋志异》节选

猫鼠大战

万历①间，宫中有鼠，大与猫等②，为害甚剧③。遍求民间佳④猫捕制⑤之，辄⑥被啖⑦食。适异国来贡⑨狮猫，毛白如雪。抱投鼠屋，阖其扉⑩，潜窥⑪之。猫蹲良久，鼠逡巡⑫自穴中出，见猫，怒奔之。猫避登⑬几上，鼠亦登，猫则跃⑭下。如此往复，不啻⑮百次。众咸⑯谓猫怯⑰，以为是无能为者⑱。既而鼠跳掷渐迟⑲，硕腹似喘，蹲地上少休⑳。猫即疾下，爪掬㉑顶毛，口龁㉒首领㉓，辗转争持㉔，猫声呜呜㉕，鼠声啾啾㉖。启扉急视，则鼠首已嚼碎矣。然后知猫之避，非怯也，待其惰㉗也。彼出则归，彼归则复，用此智耳㉘。噫！匹夫按剑，何异鼠乎㉙！（《聊斋志异·卷九·大鼠》）

注释：

①**万历**：明神宗的年号，公元1573—1620年。

② 等：一样、相同。《说文》："等，齐简也。"

③ 甚剧：非常厉害，非常严重。《说文》（新附字）："剧，尤甚也。"

④ 佳：好，令人满意。参见《孔融拜客》的注释。

⑤ 制：节制、控制、制止。

⑥ 辄（zhé）：副词，就、总是。

⑦ 噉（dàn）：同"啖""啗"，吃或给人吃。

⑧ 适：副词，恰好、正好。

⑨ 贡：向朝廷进献方物。《说文》："贡，献功也。"

⑩ 阖（hé）其扉：关上门。阖，门扇，作动词时，为关闭之意。《说文》："阖，门扇也。"扉（fēi），门扇。《说文》："扉，户扇也。"

⑪ 窥（kuī）：窥视，暗中察看。《说文》："窥，小视也。"

⑫ 逡（qūn）巡（xún）：联绵词，从容、不慌不忙。

⑬ 登：升，自下而上。《说文》："登，上车也。"

⑭ 躍（yuè）：同"跃"，跳、跳跃。《说文》："躍，迅也。"

⑮ 不啻（chì）：不止、不只。啻，但、只。

⑯ 咸：都、皆、同。

⑰ 怯：胆小、畏缩。参见《胯下之辱》的注释。

⑱ 以为是无能为者：认为狮猫是一只没有能力捕捉大老鼠的猫。

⑲ 跳掷渐迟：老鼠跳跃动作渐渐迟缓。掷，跳跃。迟，缓慢、迟缓。参见《畏影恶迹》的注释。

⑳ 少休：稍微、略、暂。休，泛指休息。《说文》："休，息止也，从人依木。"

㉑ 掬（jū）：双手捧着。《说文》："在手曰匊（掬）。"

㉒ 龁（hé）：咬。《说文》：" 龁，齧（niè）也。"

㉓ 首领：头颈。

㉔ 辗转争持：猫和鼠辗转往复地争斗。

㉕ 呜呜：象声词。

㉖ 啾啾（jiū）：象声词。

㉗ 惰（duò）：懈怠。《说文》："惰，不敬也。"

㉘ 彼出则归，彼归则复，用此智耳：对手出击，我便退回；对手退下来，我又出来，狮猫使用的就是这种计谋呀。

㉙ 噫！匹夫按剑，何异鼠乎：哎！那种匹夫之勇的粗人，只会怒目按剑逞个人血气的小勇，和这只大老鼠有什么不同呢！噫（yī），叹词。

简评：宁斗智不斗力，敌疲我打，后发制人，是克敌制胜的重要策略。

参考文献

[1] 许慎. 说文解字：附检字 [M]. 北京：中华书局，1963.

[2] 许慎. 说文解字注 [M]. 段玉裁，注. 上海：上海古籍出版社，1988.

[3] 胡奇光，方环海. 尔雅译注 [M]. 上海：上海古籍出版社，2004.

[4] 王念孙. 广雅疏证：点校本：上册 [M]. 张其昀，点校. 北京：中华书局，2019.

[5] 蔡梦麒. 广韵校释：上 [M]. 北京：中华书局，2021.

[6] 迟铎. 小尔雅集释 [M]. 北京：中华书局，2008.

[7] 扬雄. 方言：附音序、笔画索引 [M]. 郭璞，注. 北京：中华书局，2016.

[8] 刘熙. 释名：附音序、笔画索引 [M]. 北京：中华书局，2016.

[9] 陈年福. 实用甲骨文字典 [M]. 成都：四川辞书出版社，2019.

[10] 刘钊，冯克坚. 甲骨文常用字字典 [M]. 北京：中华书局，2019.

[11] 郝懿行. 山海经笺疏 [M]. 栾保群，点校. 北京：中华书局，2021.

[12] 刘文典. 淮南鸿烈集解：上 [M]. 北京：中华书局，2013.

[13] 杨伯峻. 春秋左传注：上 [M]. 北京：中华书局，2018.

[14] 王弼. 老子道德经注校释 [M]. 北京：中华书局，2008.

[15] 程树德. 论语集释：一 [M]. 北京：中华书局，2014.

[16] 孙武. 十一家注孙子校理 [M]. 北京：中华书局，2012.

[17] 焦循. 孟子正义 [M]. 沈文倬，点校. 北京：中华书局，2017.

[18] 朱彬 . 礼记训纂 [M]. 北京：中华书局，1996.

[19] 王先谦 . 荀子集解 [M]. 沈啸寰，王星贤，整理 . 北京：中华书局，2012.

[20] 王叔岷 . 庄子校诠：上 [M]. 北京：中华书局，2007.

[21] 王先慎 . 韩非子集解 [M]. 北京：中华书局，2013.

[22] 张纯一 . 晏子春秋校注 [M]. 梁运华，点校 . 北京：中华书局，2017.

[23] 杨伯峻 . 列子集释 [M]. 北京：中华书局，1979.

[24] 许维遹 . 吕氏春秋集释：上 [M]. 北京：中华书局，2009.

[25] 司马迁 . 史记 [M]. 北京：中华书局，2009.

[26] 班固 . 汉书 [M]. 北京：中华书局，2007.

[27] 范晔 . 后汉书 [M]. 北京：中华书局，2007.

[28] 陈寿 . 三国志 [M]. 裴松之，注 . 北京：中华书局，2006.

[29] 刘向 . 说苑校证 [M]. 向宗鲁，校 . 北京：中华书局，1987.

[30] 刘向 . 古列女传译注 [M]. 绿净，译注 . 上海：上海三联书店，2014.

[31] 葛洪 . 西京杂记校注 [M]. 周天游，校注 . 北京：中华书局，2020.

[32] 刘义庆 . 世说新语校释：二 [M]. 增订本 . 刘孝标，注 . 上海：上海古籍出版社，2019.

[33] 柳宗元 . 柳宗元选集 [M]. 高文，屈光，选注 . 上海：上海古籍出版社，2016.

[34] 王安石 . 王安石文集：第三册 [M]. 北京：中华书局，2021.

[35] 苏洵 . 嘉祐集笺注 [M]. 曾枣庄，金成礼，笺注 . 上海：上海古籍出版社，1993.

[36] 苏轼 . 苏轼文集：第一册 [M]. 孔凡礼，点校 . 北京：中华书局，1986.

[37] 刘基 . 新译郁离子 [M]. 吴家驹，注译 . 台北：三民书局，2006.

[38] 蒲松龄 . 聊斋志异：会校会注会评本：上 [M]. 张友鹤，辑校 . 上海：上海古籍出版社，2011.